贵州省国土资源与可持续发展研究

（上册　总论）

朱立军等　著

科学出版社

北京

内 容 简 介

本书分上、中、下三册，在分析贵州省可持续发展战略环境的基础上，系统总结了贵州省可持续发展的国土资源基础，在新发展理念的指导下，全面阐述、分析了贵州省土地资源、矿产资源、煤炭、煤层气、页岩气以及地质环境等国土资源要素与测绘地理信息等基础支撑体系的可持续发展战略。围绕贵州省三大战略，重点论述了贵州省实践国土资源大扶贫、大数据、大生态战略的行动。

本书可为从事国土资源规划、土地、矿产资源、地质环境、测绘地理信息管理的政府部门、管理人员等提供参考，也可供从事国土资源研究的学者、教学人员等参考。

图书在版编目（CIP）数据

贵州省国土资源与可持续发展研究：全 3 册 / 朱立军等著. —北京：科学出版社，2019.6

ISBN 978-7-03-061488-9

Ⅰ．①贵… Ⅱ．①朱… Ⅲ．①国土资源–可持续发展–研究–贵州 Ⅳ．①F129.973

中国版本图书馆 CIP 数据核字（2019）第 111904 号

责任编辑：刘 超 / 责任校对：樊雅琼
责任印制：吴兆东 / 封面设计：无极书装

科 学 出 版 社 出版
北京东黄城根北街 16 号
邮政编码：100717
http://www.sciencep.com

北京虎彩文化传播有限公司 印刷
科学出版社发行 各地新华书店经销

*

2019 年 6 月第 一 版 开本：787×1092 1/16
2019 年 6 月第一次印刷 印张：39 1/2 插页：17
字数：936 000

定价：**600.00 元**（全三册）
（如有印装质量问题，我社负责调换）

本书作者

朱立军	周 文	诸云强	王赤兵
郭 强	周 琦	肖才忠	周从启
董晓峰	王 龙	李泽红	刘东烈
朱要强	周 华	张 彪	廖莉萍
覃永军	汤尚颖	刘 江	曾洪云
杨旺舟	陈 枫	李静楠	任 扬

前　言

可持续发展已成为联合国和全球大多数国家的战略目标选择。1987年，以挪威前首相布伦特莱夫人为主席的联合国世界环境与发展委员会出版了具有全球意义的研究报告——《我们共同的未来》，其后可持续发展浪潮在全球掀起。1993年，中国在全球率先编制了《中国21世纪议程——中国21世纪人口、环境与发展白皮书》，并将可持续发展作为国家的基本战略。2016年1月，联合国发布《变革我们的世界：2030年可持续发展议程》。中国政府随即印发了《中国落实2030年可持续发展议程创新示范区建设方案》。习近平总书记在党的十九大报告中指出，发展是解决我国一切问题的基础和关键，发展必须是科学发展，必须坚定不移贯彻创新、协调、绿色、开放、共享的发展理念。党的十九大报告提出，推动新型工业化、信息化、城镇化、农业现代化协调发展。

国土资源是科学发展的物质基础、空间载体、能量来源和构成要素。在人均资源有限、人口不断增加、生态环境压力日益加剧的情况下，贵州省必须走科学发展之路，必须坚定不移地实施可持续发展战略。国土资源工作承担着为可持续发展提供保障和服务的光荣使命和重要职责。2008～2017年，贵州国土资源系统在省委、省政府的坚强领导和国土资源部（现为自然资源部）的大力支持下，紧紧围绕全省经济社会发展大局，努力适应经济发展新常态，坚决守住发展和生态两条底线，顽强拼搏、锐意进取，切实落实"六个坚持"：一是坚持把保障科学发展作为国土资源工作第一要务；二是坚持把保护资源作为国土资源工作第一职责；三是坚持把节约集约利用资源作为促进发展方式转变的重要抓手；四是坚持把改革创新作为国土资源工作根本动力；五是坚持把维护群众权益作为国土资源工作根本出发点和落脚点；六是坚持把转变作风、提高效能作为国土资源工作根本要求。全省国土资源工作呈现出"保障有力、保护有效、维权惠民、秩序向好、改革深化、作风改进、基础加强"的良好态势，走出了一条既符合中央和部省要求，又符合贵州省情和时代要求的国土资源事业可持续发展之路，也是我国国土资源事业发展的一个缩影。贵州国土资源系统创造性地提出了贵州国土资源管理的5个"24字工作法则"：一是土地管理"规划先行、计划管控，盘活存量、节约集约，把握时序、向山要地"；二是矿政管理"系统规划、整装勘查，市场配置、有序投放，集约开发、综合利用"；三是地质灾害防治"生命为天、预防为主，科技先行、专业保障，群测群防、综合治理"；四是地质找矿"准确定位、统筹协调，创新机制、打造平台，优化环境、培育主体"；五是页岩气勘查开发"调查先行、规划引导，技术创新、注重环保，开放市场、加强监管"。在全国国土资源领域形成了一些特色和亮点，实现"十个率先"：一是率先提出创新土地利用方式，开展"向山要地"；二是率先在全省范围内全面推进耕作层剥离再利用；三是率先出台增减挂钩、土地整治等国土资源政策助推脱贫攻坚；四是率先完成全省重点地区重大地质灾害隐患详细调查，建成省级地质灾害监测预报与决策支持平台；五是率先完成全省页岩气资源调查评价，正安页岩气区块（含安页1井）探矿权拍卖成为我国油气制度改革"第一拍"；六是率先全面推进矿产资源配置体制改革，全面推行矿业权招拍挂制度；七是湄潭农村集体经营性建设用地入市改革敲响我国"第一槌"；八是率先全面实现不动产统一登记职责机构整合；九是率先实现全省国土资源"一张图"管地管矿防地灾，完成省级"国土资源云"构建；十是率先完成全省旅游资源大普查。

党的十九大确立了习近平新时代中国特色社会主义思想的历史地位，做出了中国特色社会主义进入新时代，我国社会主要矛盾发生历史性变化、我国经济已由高速增长阶段转向高质量发展阶段等重大政治论断。进入新时代，面对新情况、新形势、新要求，贵州省国土资源工作重点抓什么、干什么、如何干是我们必须要回答的重大问题。2018年1月5日，习近平总书记在中央党校学习贯彻十九大精神研讨班开班式上发表重要讲话指出，只有回看走过的路、比较别人的路、远眺前行的路，弄清楚我们从哪儿来、往哪儿去，很多问题才能看得深、把得准。本书的编著就是按照习近平总书记的要求，以习近平新时代中国特色社会主义思想为指导，深入学习贯彻党的十九大精神和习近平总书记在参加贵州省代表团讨论时的重要讲话精神，回顾和总结贵州国土资源工作十年走过的路，分析形势，展望未来。

本书由朱立军拟定写作大纲，朱立军、周文和诸云强统稿。前言由朱立军执笔，第一章由朱立军、李泽红执笔，第二、三章由李泽红、陈枫、李静楠、任扬执笔，第四章由郭强、周华执笔，第五章由王赤兵、李泽红、杨旺舟执笔，第六章由肖才忠、朱要强执笔，第七章由董晓峰、王龙、刘东烈执笔，第八章由周文、诸云强、汤尚颖执笔，第九章由郭强、周华执笔，第十章由周琦、廖莉萍执笔，第十一章由王赤兵、李泽红、杨旺舟执笔，第十二章由周琦、覃永军执笔，第十三、十四章由肖才忠、朱要强执笔，第十五章由周从启、周华执笔，第十六章由王赤兵、诸云强、刘江、曾洪云执笔，第十七章由朱立军、张彪执笔，图集由王龙等负责编撰，贵州省第三测绘院制图。

本书得到了贵州省公益性基础性地质工作项目：贵州省国土资源可持续发展战略研究的支持。本书出版得到了自然资源部喀斯特环境与地质灾害重点实验室、资源与环境信息系统国家重点实验室等的资助。

本书是贵州省国土资源系统十年来坚持可持续发展的实践和探索的全面总结，系全省国土资源系统同志们十年奋斗和智慧集成。在付梓出版之际，谨向全省国土资源系统同志们致以崇高的敬意和衷心的感谢！由于作者水平有限，书中不足之处在所难免，敬请读者批评指正。

朱立军

2019年1月9日

目　　录

（下册　专论）

第一章 新发展理念：贵州省国土资源事业可持续发展指南

发展理念是发展行动的先导，是发展思路、发展方向、发展着力点的集中体现。党的十八届五中全会提出创新、绿色、开放、协调、共享五大理念，党的十九大报告重申坚持新发展理念。新发展理念，是引领国土资源事业改革发展的指南，也是习近平新时代中国特色社会主义思想的重大理论和实践创新，还是国土空间规划和自然资源规划的基本着力点。贵州省国土资源各级管理部门致力于保障国民经济中高速发展，节约集约利用和科学保护国土资源，必须以新发展理念为指南，力争形成国土资源管理新格局，为贵州省守住发展和生态两条底线，实现跨越发展做出积极贡献。

第一节 创新：贵州省国土资源事业可持续发展的第一动力

创新是引领发展的第一动力，是五大发展理念的引领，国土资源要为经济社会发展提供强力和持久的支撑，面对经济下行压力加大，释放资源要素潜力，出路在创新；面对资源约束趋紧，提高资源利用效率，要害在创新；面对发展环境变化，夯实资源保障基础，关键在创新。在贵州这样一个矿产资源富集、土地资源稀缺、生态环境脆弱、经济发展滞后、人地关系极为复杂的省份，守住发展和生态两条底线，推进经济社会跨越式发展，必须更加注重改革发展的深度和广度，强化创新驱动，为国土资源事业发展提供持久动力。国土资源系统要把创新摆在核心位置，在改革发展中推动国土资源事业健康发展，在国土空间开发保护、自然资源资产产权体系、自然资源资产管理体制等领域形成一批可在全国复制推广的重大改革创新成果，通过理论创新、制度创新、政策创新、管理创新、实践创新、科技创新，提升管理水平，增强可持续发展能力。

一、创新耕地保护制度

习近平总书记强调，耕地是我国最为宝贵的资源，要实行最严格的耕地保护制度。贵州省耕地资源极为匮乏，保护好宝贵的耕地资源是贵州省国土资源事业可持续发展的首要任务，也是全省国土资源管理工作的第一职责。为此，贵州省在全国率先提出了"向山要地"的土地利用方式，率先在全省范围内全面推进耕作层剥离再利用，严格执行耕地占补平衡制度，积极开展土地整治和高标准农田建设，科学划定永久性基本农田，切实有效地保护了有限的耕地资源。

今后相当一段时期，作为发展相对滞后的省份，贵州省工业化、城镇化进程将深入推进，各类用地需求将呈现"井喷式"增长态势，耕地保护任务将更为艰巨，形势将更为严峻，必须进一步开创耕地保护的新局面。首先，全省上下要坚决执行最严格耕地保护制度，全面划定永久基本农田并实行特殊保护，划定城市开发边界，继续统筹推进土地整治和高标准农田建设。其次，要积极探索建立耕地保护补偿制度，切实提高基层部门和农民保护耕地的积极性，通过完善耕地占补平衡制度，切实推进耕地数量质量生态"三位一体"保护。贵州省作为生态脆弱地区和生态严重退化地区，应积极探索实行耕地轮作休耕制度试点，继续做好耕作层剥离再利用工作。最后，在自然资源部耕地主管部门的指导下，结合贵州耕地资源质量不高、生态脆弱的省情，从守住发展和生态两条底线出发，研究贵州省适宜的耕地保有数量，积极申请耕地资源匮乏地区国家统筹补充耕地试点。

二、深化土地管理制度改革

习近平总书记强调，新形势下深化农村改革，主线仍然是处理好农民和土地的关系；土地流转和多种形式规模经营，是发展现代农业的必由之路，也是农村改革的基本方向。他还指出，土地征收、集体经营性建设用地入市、宅基地制度改革关系密切，可以作统一部署和要求，但试点工作中要分类实施。土地征收、集体经营性建设用地入市、宅基地制度改革是当前土地管理制度改革的重点工作，事关农民利益、事关农村发展，事关农业现代化，深化土地管理制度改革对于当前贵州省扶贫攻坚、乡村振兴和新型城镇化具有决定性作用，是贵州省国土资源事业可持续发展牵一发而动全身的核心工作。为此，贵州省率先出台城乡建设用地增减挂钩政策，有力地助推了全省脱贫攻坚；湄潭县农村集体经营性建设用地入市改革敲响我国"第一槌"，在农村综合改革领域率先迈出了一大步；"三变改革"（指资源变资产、资金变股金、农民变股东）、农地和宅基地"三权分置"等一批改革试点工作在省内有序推进，在盘活土地资产方面取得了宝贵经验。

在全面深化改革的背景下，紧密结合农业现代化和乡村振兴时代需求，国土部门要进一步明确改革路径和方向。一要进一步探索完善符合贵州省情的农地所有权、承包权、经营权"三权分置"办法和农村宅基地所有权、资格权、使用权"三权分置"办法，依法推进土地经营权有序流转；同时，改进征地补偿安置方式，健全征地纠纷协调裁决机制。二要积极稳妥地推进城乡统一用地市场改革，进一步完善农村集体经营性建设用地入市试点工作，要本着挖潜存量、降低增量、盘活集体土地资产的目标，赋予农村集体经营性建设用地出让、租赁、入股权能，建立健全市场交易规则和服务监管制度，力求在农村综合改革的大棋局中率先取得突破性进展，为全国农村改革提供可借鉴、可复制、可推广的经验。三要强化节约集约用地激励约束机制，落实单位地区生产总值建设用地使用面积下降目标，健全城镇建设用地总体控制管理机制。四要创新服务"稳增长"的用地政策，围绕扩大有效投资，加快建设用地审批和供应，保障基础设施、民生工程、新产业新业态和大众创业万众创新用地需求。积极推进工业用地市场化配置试点，有效降低实体经济用地成本。五要提高土地资源配置效率，实行建设用地总量与强度双控行动。根据全省城镇化进程，科学确定城市空间面积占比；根据乡村振兴需要和节约集约用地的要求，推进乡村居民点适度集中，集约布局，科学确定乡村居民点面积占比；加快开展省市县三级土地资源资产负债表编制工作。

三、加快矿产资源管理制度改革

矿产资源是国民经济的基石，贵州省是矿产资源大省，矿业经济占国民经济主导地位，矿业持续发展直接关系全省经济发展大局。加快矿产资源管理制度改革，激发矿业活力，是国土资源事业可持续发展的一个重大任务，对于贵州省守住发展和生态两条底线都具有举足轻重的作用。近年来，贵州省率先全面推进矿产资源配置体制改革，全面推进矿业权招拍挂制度，率先完成全省页岩气资源调查评价，正安页岩气区块（含安页1井）探矿权拍卖成为我国油气制度改革"第一拍"，在我国矿产资源改革领域形成了自己的特色。

在经济新常态和供给侧结构性改革大背景下，矿业可持续发展迫切要求加快矿产资源管理制度创新，营造有利于促进社会多元资金进入的矿业市场激励机制。一要进一步提高矿产资源市场化配置程度，按照"产权明晰、规则完善、调控有力、运行规范"的要求，加快形成统一、开放、竞争、有序的矿业市场体系，进一步控制好节奏和力度，扩大矿业权交易数量和质量。二要加快页岩气资源勘查开发体制机制创新，抢抓国土资源部批准建立黔北页岩气综合勘探试验区的机遇，加大与国土资源部、中石化、中石油协调力度，鼓励省内外实力企业参与页岩气勘探开发，保障经济社会发展对资源的需求。三要发挥贵州地质旅游资源独特和矿山旅游资源优势，建立地质和矿山旅游开发保护统筹机制。

四、建立自然资源统一确权登记和资产管理体系

习近平总书记强调，要健全国家自然资源资产管理体制，统一行使全民所有自然资源资产所有者职责。建立自然资源统一确权登记体系和资产管理体系是实现国土资源可持续发展的重要管理手段，是国土资源管理创新的重要方向。贵州省已在全国率先全面实现不动产统一登记职责机构整合，率先实现全省国土资源"一张图"管地管矿防地灾，在自然资源统一确权登记和资产管理方面率先打下了坚实的基础。

自然资源统一确权登记和资产管理是当前自然资源管理创新的一项具有长远意义的重大举措，国家成立自然资源部将加快推进该项工作，贵州省应尽快建立起较为完善的管理体系，为国家层面的统一确权登记和资产管理体系的建立探索经验，提供样板。一要在不动产登记基础上建立自然资源统一确权登记体系，尽快摸清全省水流、森林、山岭、草原、荒地和探明储量的矿产资源等自然资源权属、位置、面积等信息，全面建成全省自然资源统一确权登记制度。二要积极开展自然资源资产管理体制改革试点，除中央直接行使所有权外，将分散在国土资源、水利、农林等部门的全民所有者职责剥离，整合组建贵州省国有自然资源资产管理机构，经贵州省政府授权，承担全民所有自然资源资产所有者职责。三要探索不同层级政府行使全民所有自然资源资产所有权的实现形式，成立贵州省国

有自然资源资产管理机构，代理省政府行使全民所有自然资源资产所有权。开展领导干部自然资源资产离任审计试点工作。

五、强化国土资源科技创新驱动

习近平总书记在"科技三会"上的重要讲话，把国土资源科技创新提升到关系国家科技发展大局的战略高度，他还提出，"向地球深部进军是我们必须解决的战略科技问题"等重要论断，为国土资源科技创新指明了方向。科技创新是国土资源可持续利用和国土资源经济持续发展的不竭动力。近年来，贵州省在页岩气资源调查评价、地质深部找矿、国土信息化、地质灾害调查、监测与防治等领域取得了一批可喜的科技成果。未来，要坚持科技创新引领创新发展的核心地位，加快建立覆盖国土资源主要领域的科研基础创新平台体系，建设国土资源重点实验室、工程技术中心和相关研究中心，激发国土资源科技自主创新活力，在自然资源管理、地质找矿、基础测绘、地质灾害防治、国土大数据等领域实现科技重大突破。

第二节　协调：贵州省国土资源事业可持续发展的内在要求

协调发展是制胜要诀，协调既是发展手段又是发展目标，同时还是评价发展的标准和尺度，是发展两点论和重点论的统一，是发展平衡和不平衡的统一，是发展短板和潜力的统一。当前，我国社会主要矛盾已经转化为人民日益增长的美好生活需要和不平衡不充分的发展之间的矛盾。协调是解决发展不平衡不充分问题和实现持续健康发展的内在要求。推进经济社会与区域协调发展，对统筹资源开发保护、优化国土空间开发格局、合理配置城乡资源要素提出了更高要求。

促进协调，要求既要保障发展，又要保护资源；既要金山银山，又要绿水青山。当前，贵州省正面临国土空间布局不合理、空间规划碎片化、国土开发利用矛盾突出、地区发展失衡等问题。协调发展理念，就是要求国土资源工作既要处理好资源开发、利用、保护中不平衡、不协调、不可持续等内在问题，更要通过优化资源配置，全面优化国土空间格局，实现区域城乡统筹发展。

一、健全国土空间规划体系和用途管控制度

习近平总书记提出，山水林田湖是一个生命共同体，人的命脉在田，田的命脉在水，水的命脉在山，山的命脉在土，土的命脉在树。用途管制和生态修复需遵循自然规律，由一个部门负责领土范围内所有国土空间用途管制职责，进行统一保护、修复是十分必要的。贵州省是典型的山地之省，山高坡陡，地表破碎，生态极其脆弱，发展空间受限。健全国土空间规划体系和用途管控制度可以从源头和顶层设计上促进国土空间有序开发和国土资源有序利用，是实现国土资源可持续发展的重要制度保障。近年来，贵州省积极推进

多规融合，在全国率先实现全省国土资源"一张图"管地管矿防地灾，以建设贵州国家生态文明试验区为契机，狠抓国土空间开发强度管控，以主体功能区规划为基础，以土地利用总体规划为底盘，以资源环境承载力、建设用地总量强度"双控"和耕地保护红线、生态保护红线、城市开发边界"三线"为基本约束，在保障国土空间有序开发方面取得了初步成效。下一步应进一步明确国土资源部门国土空间用途管制职责，积极开展省级国土空间规划试点，整合土地利用总体规划、城乡建设规划、生态保护规划，加快推动多规融合，提高资源利用宏观调控的整体性和协调性。同时，加快构建以县市级行政区为基本单元，由空间规划、用途管制、差异化绩效考核等构成的空间治理体系；加快建立自然生态空间用途管控制度、资源环境承载力监测预警制度，推动建立覆盖全省国土空间的监测系统，动态监测国土空间变化；建立健全空间用途管制的实施办法、监测监督机制、考核评价办法及责任追究制度。

二、优化土地资源开发利用布局

习近平总书记强调，国土是生态文明建设的空间载体。要按照人口资源环境相均衡、经济社会生态效益相统一的原则，整体谋划国土空间开发，科学布局生产空间、生活空间、生态空间，给自然留下更多修复空间。作为山地省份，贵州省可供城镇建设和工农业开发的土地资源十分有限，因地制宜地安排各领域用地，优化土地资源开发利用布局，促进生产空间集约高效、生活空间宜居适度、生态空间山清水秀，是国土资源可持续发展的必然要求。近年来贵州省探索出了通过规划引导优化土地资源开发利用格局的路子，全省先后编制出台土地整治规划、城乡建设用地增减挂钩规划、矿产资源总体规划、矿产废弃地开发规划、基本农田保护规划等一系列规划，有效地推动了土地资源开发利用布局优化。下一步全省建立国土空间规划体系和用途管制体系，必然要求进一步优化土地资源开发利用布局，核心是要提高土地资源空间配置效率。一要优化城镇布局，划定城市开发边界；推动农村居民点适度集中、集约布局。逐步扩大绿色自然生态空间，增强生态产品供给能力。二要加强产业发展与用地配置的空间协同，通过规划引导和市场配置，实现新增用地、调整用地、转型用地统筹优化配置。要进一步调整产业用地结构，优先供应战略性新兴产业及现代服务业等发展用地。三要严格控制资源投放总量、强度，把握时序、节奏，把资源配置到最需要、最紧迫、最有效、最具发展潜力和战略牵动作用的地区、产业、项目上，实现资源利用效益最大化。

三、统筹矿产资源勘查开发布局

矿业开发布局关系到扶贫攻坚、地区发展和生态平衡，协调好各利益主体、各区域之间关系，必然要求统筹全局，优化矿业布局。近年来贵州省深入实施地质找矿突破战略，在锰矿、铝土矿、页岩气、煤层气等领域取得了一系列重大成果；大力推进小散矿山关闭，推进矿业企业兼并重组，逐渐形成规模化能源资源开发基地，矿业开发格局得到了很大改观。贵州省矿业大而不强的现实客观要求加强国家重要能源资源基地建设。根据新常态下矿业结构调整和深度转型趋势，因时因地引导矿山企业兼并重组，逐步向规模化、集约化和高科技化方向转型，以此带动资源开发地区转型发展，提升矿业整体竞争力，是贵州矿业可持续发展的基本路径。一要根据成矿区划、矿产资源的赋存特点、开发状况、生产力布局、国家产业政策、环境保护要求等，对全省矿产资源划分出不同类型的开采规划区，赋予相应的主体功能，重点建设黔东锰矿资源基地、贵开-瓮福磷矿资源基地、黔中北铝土矿资源基地、黔西煤炭能源基地、贞丰-普安金矿资源基地和重要石材资源基地。二要推动深地资源找矿突破，组织实施好深地资源开发示范工程。

四、促进城乡协调发展

习近平总书记强调，要坚持城乡统筹发展，坚持新型工业化、信息化、城镇化、农业现代化同步推进，实现城乡发展一体化。贵州省城市化水平总体偏低，城市化进程持续推进必然导致城乡之间用地等各类资源要素的相互掣肘，如何协调城乡资源配置，是国土资源部门不得不面对的难题。城市化的过程是一个城乡用地持续转化的过程，贵州省在全国率先开展的城乡建设用地增减挂钩试点，在促进以城带乡、以工哺农、扶贫攻坚方面起到了积极作用。

优化城镇用地结构和布局，建立"以人为本"的新型城镇化资源配置模式是统筹城乡发展的基础。一方面要协调城镇建设用地增加与吸纳农业转移人口进城数量的关系，建立城镇建设用地增加规模同吸纳农业转移人口落户数量的挂钩机制，保障农村转移进城落户人员的用地需求；另一方面要维护进城落户农民土地承包权、宅基地使用权和集体收益分配权。

促进乡村振兴离不开城乡资源要素的合理流动。贵州省应整体推进农村山、水、林、田、湖、草国土综合整治，加快"空心村"治理，保障农村基础设施与公共服务设施建设用地，促进城乡公共资源均衡配置。要完善和全面实施城乡建设用地增减挂钩政策，优先支持易地搬迁基础设施和公共服务设施用地，积极支持全域旅游、乡村旅游等扶贫产业用地，完善收益形成和返还机制，将挂钩收益全部返还农村，支持农村人居环境改善和美丽宜居乡村建设。

第三节　绿色：贵州省国土资源事业可持续发展的必然要求

绿色是永续发展的必要条件和人民对美好生活追求的重要体现。国土资源本身具有"绿色"属性，绿色发展是实现建设美丽多彩贵州的必然要求，也是解决资源缺紧、环境污染严重、生态系统退化的重要举措。因此，要引导规范和约束国土资源开发利用行为，立足资源环境承载能力，有度有序利用资源，优化资源开发利用结构，深入推进国土综合整治和地质环境保护，提高国土资源综合利用能力和水平。坚持绿色发展，以资源节约推动生态文明建设，促进人与自然和谐共处，始终是国土资源工作的主战场。国土资源部门必须增强使命感、责任感和忧患意识，加快转变资源观念和利用方式，改革完善制度机制，加快建设资源节约型、环境友好型社会，把绿水青山留给子孙后代。

一、提高耕地和基本农田生态质量

习近平总书记在党的十九大报告中提出，强化土壤污染管控和修复，加强农业面源污染防治，开展农村人居环境整治行动。耕地和农田生态质量关乎食物安全，关乎人民身体健康，必须把提高耕地和基本农田生态质量作为国土资源可持续发展的重要内容之一。针对全省坝区耕地面积少、土地利用粗放、集约化程度低等实际情况，按照"框定总量、限定容量、盘活存量、做优增量、提高质量"的要求，落实更严格耕地保护制度，坚守耕地保护红线，贵州省率先在全省范围内全面推进耕作层剥离再利用，实施一系列土地整治重大工程，切实转变耕地资源粗放利用方式，推动耕地和基本农田绿色利用落到实处。下一步要将耕地资源纳入生态系统进行绿色化保护，开展土壤污染调查、农用地质量分类管理和土壤污染治理与修复工程，确保耕地和基本农业健康安全。此外，通过实施土地复垦、耕作层剥离、高标准农田管护等专项工程，全面提升耕地生态质量，将耕地和基本农田纳入生态红线管控体系，力争将耕地资源作为保障粮食安全和生态安全的"双保"资源进行特殊保护。

二、提高土地资源节约集约利用水平

习近平总书记强调，要大力节约集约利用资源，推动资源利用方式根本转变，加强全过程节约管理，大幅降低能源、水、土地消耗强度，大力发展循环经济，促进生产、流通、消费过程的减量化、再利用、资源化。贵州省土地资源极为稀缺，节约集约利用土地资源是土地利用与管理的核心内容，是贵州国土资源可持续发展的必然选择。为此，贵州省通过盘活存量挖掘潜力，率先完成了全省未利用地、工矿废弃地、闲置土地、低效建设用地调查评价，开展了去存量土地专项行动，探索出向地上地下要空间、向用地结构调整要空间、向城镇低效用地要空间、向工矿废弃地要空间的土地节约集约利用模式，闲置土地整改处置率大幅提高，土地利用效率明显提高。

在工业化、城镇化持续推进的进程中，贵州用地需求将持续加大，建设用地短缺成为长期制约贵州经济社会发展的主要因素之一。盘活存量建设用地，实行建设用地总量控制是贵州省破解土地资源短缺难题的必然选择。一要严格核定各类城镇新增用地，有效管控新城新区和开发区无序扩张；严格控制农村集体建设用地规模，盘活农村闲置建设用地；大力推进工矿废弃地复垦，稳妥推进低丘缓坡等未利用土地综合开发；明确闲置土地认定标准和程序，加快闲置土地处置，严厉打击浪费和囤积土地行为。二要合理分配新增建设用地指标，重点对基础设施、战略性新兴产业，以及新型城镇化发展中的民生服务工程给予倾斜。按照主体功能区战略部署，对黔中经济区、重点开发区等做好城镇开发边界坐标管控，促进数量规模拓展合理化。落实产业发展绿色化要求，在建设用地预审阶段，加强土地开发生态环境准入门槛建设，促进实现产业用地开发的生态达标。三要严格制定完善贵州省节约集约用地控制标准，探索开展土地开发利用强度和效益考核。健全完善节约集约用地评价考核体系，持续开展开发区节约集约用地评价，落实建设项目节地评价制度。推广节地模式和技术，创新山地开发和保护技术。

三、提升矿产资源节约与综合利用水平

习近平总书记在党的十九大报告中强调，推进资源全面节约和循环利用。他还指出，要把现代能源经济这篇文章做好，紧跟世界能源技术革命新趋势，延长产业链条，提高能源资源综合利用效率。矿产资源是贵州的优势资源，矿产资源节约利用和综合利用不仅是简单的经济发展问题，也是重要的生态保护问题，是守住发展和生态两条底线的迫切要求。近年来，贵州省加快能源资源基地建设，鼓励矿产资源综合利用和深度开发，形成了一批煤电铝、煤电磷、煤电锰等资源深加工基地和循环产业链，矿产资源综合利用水平和效益大幅提升。

矿业上联生态修复，下联多元化产业开发，建立矿产资源绿色化开发利用机制是贵州省实现矿业可持续发展的重要途径。一要优化能源矿产资源开发利用结构，按照"兴气、稳煤"的思路，加快推进煤层气、页岩气等清洁高效能源矿产的勘查开发，严控煤炭等产能过剩矿产新增产能，淘汰落后产能，有序退出过剩产能。二要合理调控铝、锰、金、锑、磷等优势矿产开发利用总量，适当控制水泥用灰岩、饰面石材等矿产开发利用规模，加强重晶石等重要非金属矿产高效利用，探索宝玉石等新矿产资源开发利用模式，规范建材非金属矿产开发秩序。三要严格执行矿山设计最低开采规模准入管理制度，推进矿山规模化集约化开采，提高矿区企业集中度。支持矿业企业兼并重组，促进矿业集中化和基地化发展，形成以大型集团为主体，大中小型矿山、上下游产业协调发展的资源开发格局。四要重点建设黔东锰矿、贵开－瓮福磷矿、黔中北铝土矿、黔西煤炭、贞丰－普安金矿等能源资源基地，大力推进绿色矿山和绿色矿业发展示范区建设。五要加强矿产资源节约和综合利用标准化管理，出台绿色矿业发展经济激励政策，完善矿产资源节约与综合利用激励约束机制。

四、加强国土综合整治与生态建设

习近平总书记在党的十九大报告中指出，开展国土绿化行动，推进荒漠化、石漠化、水土流失综合治理，强化湿地保护和恢复，加强地质灾害防治。全面推进土地综合整治，整体推进山、水、林、田、湖、草综合整治是国土资源事业可持续发展的重要任务。贵州省作为国家生态文明试验区，率先出台土地整治政策，积极推进生态国土建设，扎实有力地推进耕地质量保护与提升行动，持续开展石漠化治理、水土流失治理和地质灾害防治，在开展绿色生态屏障建设方面取得一系列制度创新成果。

在生态文明建设新时代，贵州国土综合整治与生态建设任重道远。一要根据生态建设

需要，合理安排退耕还林、退田还湖、退耕还草、退耕还湿、退耕还滩工程，将25°以上坡耕地全部退耕还林还草，进一步改善生态环境，提高森林覆盖率，协调好农业生产与生态安全之间的关系。二要开展矿产资源开发集中区国土生态综合整治，推进历史遗留矿山综合整治，开展矿山开采地面塌陷、水土环境污染和矿山固体废弃物占用破坏土地等综合治理，加强矿山废污水和固体废弃物污染治理。三要推进主要城市化地区国土生态综合整治，拓展城市生态开敞空间，推进绿道网建设，建立连接城乡绿色空间体系，科学部署城市生态用地空间，发展立体绿化，加快城市公园建设，完善居住区绿化。

五、加强地质环境保护

贵州省地质环境具有多样性、复杂性和脆弱性特征，地质环境保护与恢复治理一直是国土资源事业可持续发展的重要工作内容之一。目前，贵州省在全国率先完成全省地质旅游资源大普查，一批地质遗迹和景观以公园形式得到保护，贵州山地公园省已初见雏形。未来要进一步加强地质遗迹、矿业遗迹、古生物化石、特殊地形地貌景观保护，强化矿山地质环境保护与治理恢复。重点要加强对生产矿山地质环境保护监管，严格新建矿山地质环境准入，严格执行矿产资源开发利用、土地复垦、矿山环境恢复治理"三案合一"。加强岩溶地下水监测，防止过量开采和污染。强化科技支撑，创新政府资金投入方式，调动社会资金投入水土流失、石漠化治理和矿山生态环境治理。

第四节 开放：贵州省国土资源事业可持续发展的必由之路

开放是国家繁荣发展的必由之路，面对经济全球化深入发展，各省区必须立足省内国内实情，切实保障资源安全，在深化合作中有效地利用省外国外资源。在"一带一路"倡议背景下，必须拓宽国际视野，深化资源领域国际交流合作，充分利用"两种资源、两个市场"，提升参与全球资源领域治理能力，优化资源开发合作环境，推进双向开放，促进引进来、走出去协调发展，以互利共赢为纽带，构建广泛的利益共同体。贵州作为我国西部内陆省份，在改革开放大潮中长期属于跟随者，封闭的发展环境在较长一段时期制约了经济社会发展。随着近年来交通、信息等基础设施的改善和全方位、多层次、宽领域的对外开放格局的构建，贵州国土资源要素流动和管理也逐步与全球资源体系相互联系、相互影响。建立多元合作、互利共赢的资源合作战略，奏好走出去、引进来和互通交流"三部曲"，有利于更好地利用外部资源和条件，更好地为全面建设小康社会添砖加瓦。贵州国土资源事业的发展，必须树立改革开放的理念，对标一流，提升水平。

一、积极走出去

习近平总书记指出，人类的历史就是在开放中发展的。任何一个民族的发展都不能只靠本民族的力量。对外开放是国土资源可持续发展的又一重要动力，贵州省作为我国西部内陆省份，在我国对外开放格局中属于后进者，曾经相对封闭的历史环境制约着贵州国土资源的开放发展，贵州国土资源可持续发展急需利用"国内与国外""省内与省外"的"两种资源、两个市场"。

一方面，利用省外资源缓解油气等紧缺困难，建立省内省外多元供给系统，是缓解省内自然资源结构性短缺制约的出路之一。贵州省应扩大对外联合与协作，与周边省市和其他国家的矿业公司建立长期联合协作关系，鼓励省内有实力的企事业单位跨区域、跨境投资勘查开发矿产资源，建立多渠道矿产资源供应生产基地，提高全省矿产资源供应能力和保障程度。

另一方面，在"一带一路"倡议背景下，国际产能合作蓬勃兴起，为贵州省加快地勘体制改革，鼓励省内地质勘查力量参与省外、国（境）外基础设施、装备制造、重大工程等国际合作，努力拓展市场空间，切实提升影响力提供了可能。贵州省应发挥基础地质调查的支撑服务作用，促进省内企业与周边地区和"一带一路"沿线国家开展矿业投资合作。利用省内先进的数字地质调查技术、地理测绘大数据等开展区域科技合作和国际科技合作。着眼"学习先进"，以紧缺战略性矿产资源为重点，加强外出学习交流。国土资源部门要为企业提供科学准确的专业数据信息，配合政府率先做好政策沟通、设施联通、贸易对接、资金融通、民心相通等前期工作，通过市场化运作，建立"两种资源、两个市场"矿业合作开发格局。

二、鼓励引进来

习近平总书记强调，要坚持引进来和走出去相结合，完善对外投资体制和政策，激发企业对外投资潜力，勇于并善于在全球范围内配置资源、开拓市场。贵州省作为后发地区，资金、技术、人才等要素相对短缺，是国土资源可持续发展的主要制约因素，通过"引进来"，补齐贵州"短板"，是实现贵州国土资源可持续发展的重要手段。贵州省应将引资、引智与引技并举，加强省外、境外先进物探技术、深层钻井技术、信息化监测技术、生物处理技术、专业装备制造技术的引进，为全省矿产资源勘查、开发、利用、保护，以及矿山地质环境恢复治理提供强有力支撑。制定和完善利用外资参与资源勘查开发的相关政策，全面实行准入前国民待遇加负面清单管理制度，鼓励引进先进技术、管理经验和高素质人才。鼓励外资参与矿山尾矿利用和矿山生态治理恢复新技术的开发应用，引入先进节能降耗工艺、技术和设备。

三、强化交流合作

习近平总书记指出，只有处于开放交流之中，经常与外界保持经济文化的吐纳关系，才能得到发展，这是历史的规律。他山之石，可以攻玉，学习成功经验有利于国土资源管理工作少走弯路，是实现国土资源可持续发展的重要经验。一要以国土空间布局、土地整治、自然资源确权登记为共同点，加强与省外有关部门的互通和交流。同时保障周边省份的互联互通基础设施用地，加强区域合作。立足"对标一流"，对标学习浙江土地利用规划管控实施和建设用地报批，湖南耕地占补平衡"补改结合"，湖北矿产资源节约集约利用，福建简化矿业权审批，山东、河北采煤沉陷区综合治理，以及四川地质灾害防治等先进经验，消化吸收灵活运用到贵州国土资源管理工作实践中。二要加大与发达国家和地区的交流合作，积极申请联合国开发计划署、联合国粮食及农业组织、联合国教育、科学及文化组织等国际组织的合作项目，借鉴全球资源调查评价、空间规划、国土整治、不动产登记等方面的成功经验。扩大国际交流与合作，加强在岩溶、地球化学及地质公园等领域的合作。在深地、深空、土地工程等领域积极参与重大国家和国际科技合作项目。加强对关键技术的引进吸收，加强高层次科技人才的引进和交流。

第五节　共享：贵州省国土资源事业可持续发展的本质要求

　　共享是中国特色社会主义的本质要求。国土资源事业在坚持上述四个发展理念的基础上，终极目标就是让资源开发收益实现人民共享，资源利用红利惠及群众。

一、切实保障群众权益

　　习近平总书记强调，人民对美好生活的向往，就是我们的奋斗目标，人民群众的事情就是我们的牵挂。国土资源关系人民群众切身利益，树立惠民利民资源观，进一步完善制度安排，使广大群众在国土资源领域改革发展中有更多获得感，是国土资源可持续发展的根本出发点和落脚点。贵州国土资源部门积极对接大扶贫、大生态战略，始终把维权惠民放在重要位置，有效地保障了各项改革工作的顺利开展。

　　在当前我国社会主要矛盾发生历史性变化的新时代，维护群众尤其是弱势群体的资源权益变得更为重要。因此，必须在农村产权制度改革中维护群众资源权益，在完善资源收益分配中合理提高群众收益水平，在地质灾害防治中切实保障人民群众生命财产安全。保障群众权益，必须增加国土资源产权管理和公共服务供给，加快推进不动产统一登记，实施农村不动产权籍调查，做好农村宅基地及集体建设用地等房、地、农、林的一体化权籍调查，尽快建立保障农民财产权的不动产统一登记制度。注重土地权属纠纷调查，建立仲裁等协调机制，确保群众不动产权属争议得到客观、合理调处。推进国土资源执法监察和督查常态化，查处侵害群众权益的违法案件，及时回应群众的合理诉求，切实维护国土资源管理利用秩序和群众权益。

二、积极支撑大扶贫战略

　　习近平总书记强调，全国各族人民要共同努力、共同奋斗，共同奔向全面小康，小康路上，不能让一个兄弟民族掉队。当前，贵州省是全国贫困人口最多、脱贫攻坚任务最为艰巨的省份，是全国脱贫攻坚的主战场和决战区。在精准扶贫工作中，国土资源部门是

"主力军"和"急先锋"。贵州省在全国率先出台城乡建设用地增减挂钩、土地整治等国土资源政策助推脱贫攻坚，湄潭农村集体经营型建设用地入市改革敲响我国"第一槌"，资源变资产、资金变股金、农民变股东"三变"改革试点取得重大进展，被认为是含金量最高的扶贫政策。

在当前扶贫攻坚决胜阶段，国土资源扶持政策责无旁贷，应加快构建资源开发利用与大扶贫深度融合、百姓富与生态美有机统一的制度体系。一是加大对这些地区基础设施建设、产业发展、矿业开发和民生工程的资源保障配套力度，加大国土资源环境综合整治资金和政策支持。二是用活用足土地杠杆，出台城乡建设用地增减挂钩指标与易地扶贫搬迁实施办法，充分发挥"级差地租"作用，让城乡建设用地增减挂钩指标在全省加快流转，提高指标和资金的使用效率及效益，确保群众切身利益。三是要着力推进农村土地制度改革和矿产资源开发收益分配机制改革，让贫困地区的土地、矿产资源等资产要素活起来。发挥好对贫困群众财产权的保护功能，对在贫困地区开发水电、矿产资源占用集体土地的，试行通过给原住居民集体股权的方式进行补偿。四是要用好用活土地、矿产政策，优化国土空间开发格局，合理配置城乡资源要素，积极培育当地特色产业，推动贫困农村加快发展。五是用好土地政策支持当地发展旅游，使绿水青山变成群众脱贫致富的金山银山，实现在绿色中发展、在美丽中脱贫。六是积极支持贫困地区生态保护，在保证农民生计的前提下，逐步将25°以上不适宜耕种的陡坡耕地退出基本农田，支持开展退耕还林还草，加大对贫困地区土地整治、高标准农田建设、地质灾害防治、矿山地质环境治理恢复工作的支持力度。支持易地扶贫搬迁安置区配套公共设施建设和迁出区生态修复。

三、加强防灾减灾保障人民生命财产安全

习近平总书记在党的十九大报告中指出，树立安全发展理念，弘扬生命至上、安全第一的思想，健全公共安全体系，完善安全生产责任制，坚决遏制重特大安全事故，提升防灾减灾救灾能力。贵州省生态环境脆弱，地质灾害易发多发的实际情况，决定了国土资源部门在防灾减灾中的作用和地位。为此，贵州省率先完成全省重点地区重大地质灾害隐患详细调查，建成省级地质灾害监测预报与决策支持平台。未来应进一步开展隐患排查整治工作，及早落实调查评价、监测预警、搬迁避让、工程治理和应急处置工作，提高预警预报精细化水平，提升山区监测预警和应急避险能力，加强应急救助处置力量，提高应急响应能力。推进地质灾害综合防治体系建设，加大重大地质灾害隐患点的治理力度，大幅度降低人民群众生命财产安全威胁。

四、提高国土信息共享服务能力

习近平总书记提出，没有信息化就没有现代化。提高国土信息共享水平是国土资源管理工作适应信息化浪潮和提高国土信息服务能力的必然要求。贵州省应以率先实现全省国土资源"一张图"管地管矿防地灾，率先完成省级"国土资源云"构建为契机，结合贵

州省大数据、大生态、大扶贫等重大战略，切实提高国土信息化水平和信息共享服务能力。下一步应以国土资源业务网、电子政务网、互联网为基础，充分利用社会公共资源，构建满足国土资源规划管理、监督监管和政务服务等需要的国土资源云技术体系。建设安全、集约、开放的国土资源信息化技术构架体系。加快建立省、市、县三级联网的行政审批业务信息化体系，形成区域、业务全覆盖，纵向联动、横向协同的国土资源监管运行体系。创建"互联网+国土资源服务"模式，完善政务信息公开平台，畅通公众交流渠道。充分依托国家电子政务网，构建国土资源数据共享平台，实现部门间数据共享与交换，推进国土资源数据开放共享。提升地理信息服务保障能力，完善应急测绘保障服务，开展"互联网+地理信息"行动，加强智慧城市时空信息云平台试点示范应用，提升对现代城市规划建设、综合管理和人民生活的服务水平。

第二章　贵州省可持续发展的战略环境

人类快速发展的巨大需求与地球有限承载能力和生态环境约束间的矛盾日益尖锐，严重威胁着全球的可持续发展。进入 21 世纪以来，我国对可持续发展十分重视，在多项中央文件中得到了充分体现。国内外复杂的环境与发展问题，对贵州省国土资源可持续发展提出更新、更高的要求，需要从全球视野、全国高度审视和谋划贵州省国土资源的可持续发展。本章从联合国 2030 年全球可持续发展议程、全球资源环境危机与资源市场发展态势、中国经济新常态、生态文明战略布局等国家重大发展战略和贵州省经济社会发展现状等角度来分析贵州省国土资源可持续发展战略环境。

第一节　联合国 2030 年全球可持续发展议程

一、联合国 2030 年全球可持续发展目标

联合国 193 个会员国在 2015 年 9 月举行的联合国可持续发展首脑会议上一致通过了《变革我们的世界：2030 年可持续发展议程》。该议程从经济、社会和环境三个维度提出了 17 项全球可持续发展总目标（表 2-1）和 169 个具体目标。该议程于 2016 年 1 月 1 日正式启动，开启了全球可持续发展事业的新时代，为各国发展和国际合作指明了方向。

表 2-1　联合国 2030 年全球可持续发展目标

目标	内容
1	在全世界消除一切形式的贫困
2	消除饥饿，实现粮食安全，改善营养状况和促进可持续农业
3	确保健康的生活方式，促进各年龄段人群的福祉
4	确保包容和公平的优质教育，让全民终身享有学习机会
5	实现性别平等，增强所有妇女和女童的权能
6	为所有人提供水和环境卫生并对其进行可持续管理
7	确保人人获得负担得起、可靠和可持续的现代能源
8	促进持久、包容和可持续的经济增长，促进充分的生产性就业和人人获得体面工作

目标	内容
9	建造具备抵御灾害能力的基础设施，促进具有包容性的可持续工业化，推动创新
10	减少国家内部和国家之间的不平等
11	建设包容、安全、有抵御灾害能力和可持续的城市和人类住区
12	采用可持续的消费和生产模式
13	采取紧急行动应对气候变化及其影响
14	保护和可持续利用海洋和海洋资源以促进可持续发展
15	保护、恢复和促进可持续利用陆地生态系统，可持续管理森林，防治荒漠化，制止和扭转土地退化，遏制生物多样性的丧失
16	创建和平、包容的社会以促进可持续发展，让所有人都能诉诸司法，在各级建立有效、负责和包容的机构
17	加强执行手段，重振可持续发展全球伙伴关系

二、中国 2030 年可持续发展方案

2016 年，G20 杭州峰会上中国政府承诺积极落实 2030 年可持续发展议程。2016 年 10 月 28 日联合国大会正式以文件形式在联合国系统和各会员国中分发《中国落实 2030 年可持续发展议程国别方案》（表 2-2）。其中，目标 1、目标 7、目标 13 和目标 15，即消除贫困及能源、气候、生态系统等与国土资源紧密相关。

我国政府提出 2020 年确保农村贫困人口实现脱贫，相比联合国目标，提前 10 年实现消除贫困的目标；在应对气候变化领域，我国政府正在以更为负责任的态度和举措，担负起全球应对气候变化的领导之责；但在建立现代能源体系、保护生态系统等领域压力仍然较大。

表 2-2　中国落实 2030 年可持续发展议程国别方案

目标	中方落实举措
目标 1：在全世界消除一切形式的贫困	到 2020 年，确保中国现行标准下的 5000 多万农村贫困人口全部实现脱贫。 对农村贫困人口实行分类精准扶持，确保实现 2020 年全部脱贫的目标。 到 2020 年，实施全民参保计划，基本实现法定人员全覆盖。 到 2020 年，制定和完善保障妇女平等参与经济发展的法规政策，对符合条件贫困户的有效贷款需求，实现小额信贷全覆盖。对在贫困地区开发水电、矿产资源占用集体土地的，试行给原住居民集体股权方式进行补偿。 全面提高抵御气象、水旱、地震、地质、海洋等自然灾害综合防范能力。 在援外框架下推动更大范围、更高水平、更深层次的国际减贫合作。 利用各类平台，分享中国减贫的理念、经验和做法，探讨将更多投资引入减贫领域

续表

目标	中方落实举措
目标2：消除饥饿，实现粮食安全，改善营养状况和促进可持续农业	到2020年，全国粮食产量稳定在6000亿kg以上。主要农产品质量安全总体合格率达到97%以上。健全针对困难群体的动态社会保障兜底机制。 到2020年，实现全国人均全年口粮消费200kg、食用植物油15kg。 到2020年，提高农业技术装备和信息化水平，提高农业生产力水平。 执行《全国农业可持续发展规划（2015—2030年）》。 到2020年，建设国家种质资源收集保存和研究体系，建设海南、甘肃、四川等国家级育制种基地和100个区域性良种繁育基地。计划到2022年与联合国粮农组织合作执行10个左右南南合作国别项目，在"一带一路"建设农业合作框架下，与沿线国家和区域在农作物育种、畜牧、渔业、农产品加工与贸易等领域开展合作。 到2020年，逐步扩大"绿箱"补贴规模和范围，调整改进"黄箱"政策。 到2020年，完善农产品市场调控制度和市场体系，防范粮价剧烈波动，提升科学储粮水平
目标3：确保健康的生活方式，促进各年龄段人群的福祉	到2020年，全国孕产妇死亡率降为18人/10万人，到2030年，力争下降到12人/10万人。 到2030年，婴儿和5岁以下儿童死亡率力争控制在5‰和6‰。 到2020年，接受抗病毒治疗的感染者和患者治疗成功率达90%以上，全国肺结核发病率下降到58人/10万人，实现消除疟疾目标，乙肝母婴传播阻断成功率达到95%以上。 到2025年，实现心脑血管疾病死亡率比2015年下降15%，总体癌症5年生存率提高10%，70岁以下人群慢性呼吸系统疾病死亡率降低15%。 严格执行涉及麻醉药品、精神药品管理的法律法规。 完善法律法规，加快构建交通运输安全体系，提升客货运输安全质量、交通基础设施建设质量安全管理水平。 到2020年，全面开展家庭科学育儿和青年健康发展工作。 到2020年，个人卫生支出占卫生总费用的比重下降到28%，每千常住人口公共卫生人员数达到0.83人以上，每万常住人口全科医生数达到2人，实施家庭签约医生模式。 加大危险化学品污染防治力度，改革环境治理基础制度。 力争到2020年，15岁以上人群烟草流行率控制在25%以内。 不断提升疫苗质量，在疫苗管理、运输和接种等环节加大监管力度，建立疫苗从生产到使用的全程追溯制度。大力扶持中药、民族药发展。 加大对其他发展中国家，尤其是最不发达国家和小岛屿发展中国家卫生医疗设施、人员和技术培训的援助，帮助其他发展中国家加强卫生领域筹资。 到2020年，地市级以上卫生计生行政部门应急指挥中心升级改造完成率达95%以上，省级以上疾病预防控制中心应急作业中心建成率达95%以上。加强国际合作，在全球重大突发急性传染病防治领域发挥积极作用
目标4：确保包容和公平的优质教育，让全民终身享有学习机会	全面实行城乡九年免费义务教育制度，全面提高教育教学质量。 到2020年，实现全国学前三年毛入园率达85%。完善学前教育资助制度，加强幼儿园教师队伍建设。 到2020年，高中阶段教育毛入学率达到90%，高等教育毛入学率达50%。 推行工学结合、校企合作的技术技能人才培养模式，推进教育信息化，加强高等教育学科建设。 保障弱势群体在内的每个人的受教育权利。逐步实现残疾学生从义务教育到高中阶段教育的12年免费教育。 到2020年，进一步降低成人文盲率，防止产生新的青壮年文盲。提高平均受教育年限。 深化教育改革，提高教育质量。性别平等原则和理念在各级各类学校教育教学过程中得到充分体现。 改善薄弱学校和寄宿制学校办学条件。 到2020年，向发展中国家提供12万个来华培训和15万个奖学金名额，为发展中国家培养50万名职业技术人员。 为其他发展中国家提供短期教育培训

续表

目标	中方落实举措
目标5：实现性别平等，增强所有妇女和女童的权能	坚持男女平等基本国策。实施《中国妇女发展纲要》《中国儿童发展纲要》。 预防和制止针对妇女和女童一切形式的暴力行为，严厉打击严重侵害妇女和女童的犯罪行为。 严格执行《中华人民共和国婚姻法》和有关法律规定。 提升妇女就业创业能力，发展公共托幼服务。倡导男女共同承担家庭责任。 制定和完善促进妇女参与决策和管理的相关法规政策，拓宽妇女参与管理和决策的渠道。 完善生育保障制度，提高妇女生殖健康服务水平。 到2020年，制定和完善保障妇女平等参与经济发展的法规政策。 帮助女性提升在各种技术技能方面的能力建设，加大女性人才培养力度。 认真贯彻执行各项法律法规，不断完善保障妇女儿童权益的法律体系，增强妇女和儿童权能
目标6：为所有人提供水和环境卫生并对其进行可持续管理	实施农村饮水安全巩固提升工程，到2020年，中国农村自来水普及率达到80%以上。 推进水卫生基础设施的全覆盖，到2030年，全国基本完成农村户厕无害化建设改造。 落实《水污染防治行动计划》。加强重点水功能区和入河排污口监督监测，强化水功能区分级分类管理。 全面推进节水型社会建设，持续提高各行业的用水效率。 完善流域管理与行政区域管理相结合的水资源管理体制，强化流域综合管理在水治理中的作用。 构建国家生态安全框架，保护和恢复与水有关的生态系统。 积极开展水和环境等相关领域的南南合作。 继续推行用水户全过程参与的工作机制
目标7：确保人人获得负担得起、可靠和可持续的现代能源	到2030年，实现价廉、可靠和可持续的现代化能源服务在中国的全面覆盖。 到2030年，非化石能源占一次能源消费比重达到20%左右。 采用物联网、大数据、人工智能等技术改造能源产业，推动能效大幅度提高。 更加全面、深入参与可持续能源领域的双、多边合作，促进获取清洁能源的技术，并促进对能源基础设施和清洁能源技术的投资。 协助撒哈拉沙漠以南非洲地区和亚太地区等推进能源普及，提供可持续的现代化能源服务。在发展中国家增加可再生能源生产利用
目标8：促进持久、包容和可持续的经济增长，促进充分的生产性就业和人人获得体面工作	"十三五"期间，以供给侧结构性改革为主线，确保经济保持中高速增长，产业迈向中高端水平。 全面落实"去产能、去库存、去杠杆、降成本、补短板"五大重点任务，促进经济转型升级和可持续发展。 推动大众创业、万众创新。推进小微企业创业基地建设。 落实《可持续消费和生产模式方案十年框架》。 通过实施分类政策，提高劳动参与率。积极落实《就业促进法》。 落实高校毕业生就业促进和创业引领计划。实施新生代农民工职业技能提升计划。 依法打击使用童工、强迫劳动等违法犯罪行为。实施《中国反对拐卖人口行动计划（2013—2020年）》。 到2020年，亿元国内生产总值生产安全事故死亡率比2015年下降30%。 完善旅游促进经济增长和就业的政策体系，制定实施有利于旅游业持续健康发展的产业政策。 实施《推进普惠金融发展规划（2016—2020年）》。到2020年，基本建成保障全面、功能完善、安全稳健、诚信规范的现代保险服务业。 积极推动与"一带一路"沿线国家的贸易便利化进程。深化同最不发达国家的经贸合作。 落实高校毕业生就业促进和创业引领计划。实施新生代农民工职业技能提升计划

续表

目标	中方落实举措
目标9：建造具备抵御灾害能力的基础设施，促进具有包容性的可持续工业化，推动创新	加快完善安全高效、智能绿色、互联互通的现代基础设施网络。 实施《中国制造2025》，大力推进技术改造，促进传统产业转型升级，推动制造业提质增效。 落实《推进普惠金融发展规划（2016—2020年）》，提高金融机构覆盖率、可及性、满意度。 加快传统产业升级改造，推进工业用能低碳化，积极推广新能源。淘汰落后产能。 实施《国家创新驱动发展战略纲要》，明确创新支撑发展的方向和重点，形成持续创新的系统能力。 在南南合作框架下，帮助其加强可持续基础设施建设，提高抵御灾害等相关能力建设。 深化国际产能和装备制造合作，帮助其他发展中国家完善生产体系建设，实现工业生产多样化。 积极推动信息产业发展，加速高速光纤网、无线宽带网的推广应用和城乡覆盖，补齐农村宽带发展短板。加强与最不发达国家信息通信合作
目标10：减少国家内部和国家之间的不平等	实行有利于缩小收入差距的政策，明显增加低收入劳动者收入。调整国民收入分配格局。 坚持共享发展理念。到2020年，做出更有效的制度安排，注重机会公平，保障基本民生。 维护社会公平正义，保障人民平等参与、平等发展权利。 逐步完善有利于促进社会公平正义和经济包容性增长的税收制度。健全动态社会保障兜底机制。 坚持居民收入增长和经济增长同步、劳动报酬提高和劳动生产率提高同步。调整优化国民收入分配格局。 加强金融宏观审慎管理制度建设，改革和完善适应现代金融市场发展的金融监管框架。 支持发展中国家平等参与全球经济治理，积极参与全球供应链、产业链、价值链。 统筹推进户籍制度改革和基本公共服务均等化，健全促进农业转移人口市民化的机制。 继续推动多边贸易谈判进程。对所有同中国建交的最不发达国家97%的税目产品给予零关税待遇。 敦促发达国家履行官方发展援助承诺。丰富对外援助模式。 到2030年将移民汇款手续费减至3%以下，取消收费高于5%的汇款方式
目标11：建设包容、安全、有抵御灾害能力和可持续的城市和人类住区	推动公共租赁住房发展。到2020年，基本完成现有城镇棚户区、城中村和危房改造任务。加大农村危房改造力度。 实施公共交通优先发展战略，完善公共交通工具无障碍功能，推动可持续城市交通体系建设。 推进以人为核心的新型城镇化，提高城市规划、建设、管理水平。 执行《文物保护法》、《非物质文化遗产法》、《风景名胜区条例》和《博物馆条例》，到2030年，保障公众的基本文化服务。提高非物质文化遗产保护水平。 重点保护受灾弱势群体。大幅减少洪灾造成的死亡人数、受灾人数和经济损失。 积极推动城乡绿化建设。全面提升城市生活垃圾管理水平。制定城市空气质量达标计划。 严格控制城市开发强度，保护城乡绿色生态空间。 推动新型城镇化和新型农村建设协调发展，促进公共资源在城乡间均衡配置。 大力推进棚户区和危房改造。推广超低、零能耗建筑。开展既有建筑节能改造。全面推广海绵城市建设。 支持最不发达国家建造可持续的基础设施，帮助最不发达国家培养本地技术工人
目标12：采用可持续的消费和生产模式	弘扬中华民族节俭美德，推广可持续消费文化。 控制能源资源消费总量，推动能源资源利用结构优化，大幅提高二次能源资源利用。 大幅度减少零售和消费环节的人均粮食浪费量，减少生产、加工、流通和供应环节的粮食损失。 到2020年，推进智慧粮库建设和节粮减损。 对化学品和所有废物进行全生命周期的无害环境管理。大幅度提高绿色化工技术水平。 大力发展循环经济，宣传、鼓励和促进节约型消费方式。 全面推行生产者责任延伸制度，并将可持续信息纳入各自报告周期。 大力完善政府采购政策体系，推动实现经济和社会发展政策目标。 推动绿色教育，帮助全民牢固树立生态文明观念，努力建设资源节约型、环境友好型社会。 通过南南合作，加快培养专业人才。鼓励国际社会向发展中国家转让环境友好型技术。 对可持续旅游的促进作用做出全面、客观评价，并有机纳入区域可持续发展战略整体规划。 结合本国国情、发展阶段和能源消费需求整体状况，合理调整低效率的化石燃料补贴

续表

目标	中方落实举措
目标 13：采取紧急行动应对气候变化及其影响	主动适应气候变化。逐步完善预测预警和防灾减灾体系，全面提高适应气候变化的复原力建设。 将落实"国家自主贡献"纳入国家战略和规划，制定《"十三五"控制温室气体排放工作方案》。 引导全民积极参与应对气候变化行动。强化相关参与人员和机构的对外交流、宣传推广等方面能力。 敦促发达国家就履行"到 2020 年，每年为发展中国家筹集 1000 亿美元气候资金"承诺制定明确的路线图和时间表，并对绿色气候基金进行切实注资。 通过中国设立的气候变化南南合作基金，帮助最不发达国家和小岛屿发展中国家加强应对气候变化能力建设
目标 14：保护和可持续利用海洋和海洋资源以促进可持续发展	推进陆海污染联防联控和综合治理，开展入海河流污染治理和入海直排口清理整顿。 实施基于生态系统的海洋综合管理。建设国家海洋环境实时在线监控体系。 尽可能减少海洋酸化的影响领域和范围。科学评估气候变化、人类活动对于海洋环境变化的影响。 提升渔业资源的保护管理能力。严格控制捕捞强度，可持续利用现有渔业资源。 科学编制海洋功能区划，确定不同海域主体功能。 出台"十三五"海洋渔船控制目标和政策措施，修订《渔业捕捞许可管理规定》，推动国内捕捞业可持续发展。 通过南南合作向最不发达国家和小岛国提供水产养殖技术支持。推动可持续渔业管理和旅游方面的南南合作。 支持推进落实政府间海洋学委员会《海洋技术转让标准和准则》，通过南南合作和三方合作等渠道，支持小岛屿发展中国家和最不发达国家加强海洋科研和开发等方面的能力建设。 加强渔民技能培训。鼓励发展电商等新型营销业态，为小规模个体渔民提供更多、更公平的市场准入机会。 在《联合国海洋法公约》框架下，加强海洋及其资源的养护和可持续利用
目标 15：保护、恢复和促进可持续利用陆地生态系统，可持续地管理森林，防治荒漠化，制止和扭转土地退化，遏制生物多样性的丧失	保障重要湿地及河口生态水位。保护修复湿地与河湖生态系统。保护水生态系统。 到 2020 年，全国森林覆盖率提高到 23.04%，森林蓄积量达到 165 亿立方米。 参与《联合国防治荒漠化公约》土地退化零增长目标设定的示范项目。 全面提升山地生态系统稳定性和生态服务功能，建设国家林木种质资源库，科学优化森林公园建设管理体系。 到 2020 年，构建生态廊道和生物多样性保护网络。建立全国生物多样性观测网络体系。 逐步建立健全遗传资源保护与惠益分享方面的法律法规，提高生物遗传资源保护资金投入，参与遗传资源获取和利用的国际合作。 认真执行《野生动物保护法》和加快完善《国家重点保护野生动物名录》。 积极参与有关防控外来物种入侵的国际公约，完善外来入侵物种名单和相关风险评估制度。 要求各级地方政府结合本地区实际情况，因地制宜做好生态环境和生物多样性保护工作，并将有关工作同本地区中长期发展规划有机结合。 增加基础设施和能力建设所需资金。提升自然保护区建设管理水平。 形成森林管理的资金长效机制。在南南合作框架下帮助其他发展中国家开展技术培训。 严格《濒危野生动植物种国际贸易公约》证书管理。遏制盗猎和非法贸易野生动物的犯罪势头
目标 16：创建和平、包容的社会以促进可持续发展，让所有人都能诉诸司法，在各级建立有效、负责和包容的机构	保持对严重暴力犯罪的严打高压态势，依法严厉打击危害人民群众生命安全的一切犯罪行为。 实施《儿童发展纲要（2011—2020 年)》。落实《未成年人保护法》。做好儿童法律援助工作。 建设公正高效权威的司法制度，完善对权利的司法保障和对权力的司法监督。 健全完善被判刑人移管合作机制。加大国际追逃追赃力度。发挥二十国集团、亚太经合组织反腐败工作组等双多边机制作用。 坚持全面从严治党，坚持不懈改进作风，落实中央八项规定精神，坚决纠正"四风"，持续保持遏制腐败的高压态势。强化对权力运行的制约和监督，完善党内监督和国家法规制度。 到 2020 年，基本建成职能科学、权责法定、执法严明、公开公正、廉洁高效、守法诚信的法治政府。 推进行政决策科学化、民主化、法治化。确保行政决策制度科学、程序正当、过程公开、责任明确，提高决策质量。 倡导构建以合作共赢为核心的新型国际关系，推动全球治理机制反映国际格局变化。 全面落实《户口登记条例》《居民身份证法》。建立国家人口基础信息库。 维护和保障公民的知情权。完善政府信息公开制度，提高政府工作透明度，促进依法行政。 维护国际公共安全，反对一切形式的恐怖主义。积极支持并参与联合国维和行动。 建立齐备的实体法和程序法，深化执法规范化建设，进一步推动和实施非歧视性法律和政策

目标	中方落实举措
目标 17：加强执行手段，重振可持续发展全球伙伴关系	利用经合组织–中国国家税务总局多边税务中心，为其他发展中国家提供税收培训与技术援助。 要求发达国家全面履行官方发展援助承诺并设定时间表和路线图，从资金、技术、能力建设等各方面为发展中国家提供帮助。 推动中国—联合国和平与发展基金发挥作用。吸引国际资金共建开放多元共赢的金融合作平台。 认真落实习近平主席在 2015 年 9 月联合国可持续发展峰会上宣布的免除对有关最不发达国家、内陆发展中国家和小岛屿发展中国家截至 2015 年底到期未还的政府间无息贷款债务的承诺。 健全对外投资促进政策和服务体系，提高便利化水平。支持中国企业加大对最不发达国家的投资。 推进中国落实 2030 年可持续发展议程创新示范区建设，形成可复制、可推广的可持续发展经验。 与其他发展中国家在污染监测与防治技术等方面开展合作。在南南合作框架下促进先进适用技术向其他发展中国家转移及在当地转化运用。 探讨建立落实 2030 年可持续发展议程技术银行，形成技术库，为其他发展中国家特别是最不发达国家提供技术支持。 通过南南合作与发展学院为其他发展中国家学生提供学历教育。稳妥推进三方合作，为其他发展中国家提供人员技能培训和发展经验分享。 推动二十国集团贸易部长会议机制化和贸易与投资工作组成立，推动世界贸易组织多哈回合剩余议题谈判，优先解决发展中国家关切。 帮助最不发达国家更好融入全球产业链、价值链和多边贸易体制。 对所有同中国建交的最不发达国家 97% 税目产品实施零关税。 加强宏观经济政策协调，加强政策和行动合力。 推动各国加强可持续发展政策协调，开展经验交流，分享最佳实践。 尊重各国国情和发展道路、发展政策。对外援助不附加政治条件。 积极参与全球发展合作。坚持南北合作的主渠道地位，呼吁南南合作和三方合作发挥更大作用，欢迎国际组织、私营部门、公民社会等参与落实可持续发展目标。 用好 1800 亿元人民币的中国政府和社会资本合作（PPP）融资支持基金。 帮助最不发达国家和小岛屿加强统计能力建设，以便能够获得更及时、可靠和详细的发展数据。 深度参与全球可持续发展指标框架的制定和完善工作，积极跟进和参与衡量可持续发展进程计量方法的研究制定工作。协助其他发展中国家加强统计能力建设

三、贵州省落实 2030 年可持续发展目标任务

贵州省地处云贵高原东部，长江、珠江流域上游地带，土地面积为 17.61 万 km²，其中，山地、丘陵占 92.5%，是典型的内陆山区省份。长期以来，由于经济社会发展滞后，农村贫困问题突出，且与生态环境问题、民族地区发展问题相互交织。要在贵州这样一个生态脆弱、经济贫困的省份，实现联合国 2030 年全球可持续发展目标，是一项艰巨的任务。尤其是在消除贫困、能源结构调整、陆地生态系统保护等领域的目标与全国水平还有较大差距的情况下，实现该目标更为艰巨。

消除贫困方面，贵州是我国扶贫攻坚任务最为艰巨的省份，到 2016 年底全省农村贫困人口仍高达 372 万人，占全国贫困人口的 1/10。

现代能源体系建设方面，贵州省能源以煤炭为主，到 2030 年，非化石能源占一次能源消费比重要达到 20% 左右，任务艰巨。尽管贵州水电资源丰富，但水电资源开发受到生态承载力的限制，同时受国家电网统一管理的影响，水电发电量多输往我国东南沿海发达

省份，本地就地消费的比重很小。

陆地生态系统保护方面，贵州省是典型的山地省份，喀斯特地貌和石灰岩地质环境极其脆弱，良好的生态环境一旦遭到破坏，生态系统难以恢复。

上述领域发展目标的实现都与国土资源部门密切相关，对贵州省国土资源管理部门在助力扶贫、新能源普及、节能减排及生态系统保护方面提出了新的要求，赋予了新的责任。

第二节　全球资源环境危机与资源市场发展态势

进入 21 世纪，全球资源环境危机日益凸显，如不转变观念加以遏制，危机将愈演愈烈。2008 年爆发的全球金融危机，使人们认识到资源能源环境危机归根结底是人类社会发展方式的问题——高污染、高消耗、高物耗、低效益的传统发展模式已难以为继。气候变暖趋势仍在继续，而面对美国政府在应对全球气候变化问题上的退步，我国政府正在以更负责任的态度和举措，担负起全球应对气候变化的领导之责。

一、全球资源环境危机与发展态势

工业文明时代，人类开始大规模利用煤炭和铁，促成了煤化工业的产生，内燃机的问世使得石油、煤炭等化石燃料的开采量急剧上涨，机器制造业的发展使得钢、锰、镍、铝、钨等黑色及有色金属资源得到开发利用。据统计，整个 20 世纪，人类消耗了 1420 亿 t石油、2650 亿 t 煤、380 亿 t 铁、7.6 亿 t 铝、4.8 亿 t 铜；占世界人口 15% 的工业发达国家，消费了世界 56% 的石油、60% 以上的天然气和 50% 以上的重要矿产资源。资源的过度利用与废弃物的直接排放对自然环境造成了极大的破坏。从 20 世纪 70 年代起，人类对自然的需索无度开始超越地球生态的临界点（图 2-1）。据权威部门预测，按照目前的生产消费方式，到 2030 年，人类至少需要两个地球才能保证其资源需求。全球性资源问题日益凸显，世界自然保护基金会发表的报告《活着的地球》指出，由于目前人类对自然资源的利用超出其更新能力到 20%，如果各国政府再不进行干预，2030 年后人类的整体生

图 2-1　1965～2016 年全球及中国一次能源消费量

资料来源：BP Global

活水平将会下降。

尽管人类通过科技手段，不断提高对传统化石能源的替代能力，降低对传统化石能源的依赖程度，一定程度上会缓解全球能源危机，但到 2016 年为止，全球和我国一次能源使用状况仍以煤炭、石油等化石能源为主（图 2-2、图 2-3）。贵州省也是一个严重依赖能源原材料产业的省份，要平衡经济发展与资源能源节约利用之间的关系，保障贵州省可持续发展，这就对能源的高效利用和管理方式提出了更高的要求。

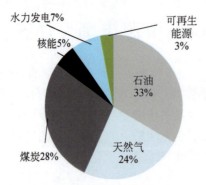 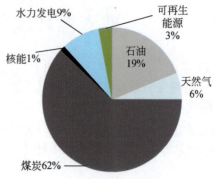

图 2-2　2016 年全球一次能源使用结构　　图 2-3　2016 年中国一次能源使用结构

资料来源：BP Global

土地资源是人类赖以生存的物质基础，是社会生产的劳动资料，是农业生产的基本生产资料。目前，土地资源危机主要体现在以下三个方面：一是土地资源质量下降。联合国粮食及农业组织 2015 年 12 月 4 日发布的《世界土壤资源状况》报告显示，目前世界大多数国家的土壤状况属于一般、较差或很差，许多地方的土壤状况正在恶化，全球 33% 的土地由于盐碱化、板结、酸化和化学污染等，正处于中度到高度退化之中。侵蚀每年导致 250 亿~400 亿 t 表土流失，造成谷物产量损失约 760 万 t，人为因素造成的盐渍化影响全球 76 万 hm^2 的土地。二是土地资源数量减少。2016 年，全球人口达到 72.62 亿人，人口增长意味着需要更多的资源。在可以预见的将来，全球人口还将继续增长，联合国人口基金会用"黄金标准"推算第 80 亿人口将出现在 2025 年，第 100 亿人口将出现在 2100 年前，然而土地资源的总量是有限的，土壤退化、水土流失进一步加剧了土地资源危机。三是土地资源利用结构不合理。从中华人民共和国成立以来的经济发展来看，土地资源利用结构不合理是主要问题，其中，农业用地日趋减少、建筑用地逐渐增加尤其突出。改革开放以来，我国的土地资源利用结构发生了巨大的变化，大量的农用地向建设用地转移，农用地面积不断减少，建设用地面积不断增加。1978~2011 年《中国统计年鉴》数据显示，1986~2010 年，我国城市建成区面积增加了 29 896.50×10^3 hm^2，年平均增长 5.88%，建成区面积的扩大，几乎都来自农用地。上述危机对土地高效利用和优化管理方式提出了更高的要求。

环境问题主要包括环境污染和生态破坏等方面。目前，人类面临的十大全球环境问题主要是全球气候变暖、臭氧层的耗损与破坏、酸雨蔓延、生物多样性减少、森林锐减、土地荒漠化、大气污染、水污染、海洋污染和危险性废物越境转移（陈须隆，2015）。这些环境问题大多是由资源的过度利用导致的，这一趋势若不加以遏制，环境问题将会愈演愈烈。

从长时间周期来看，资源环境将长期成为全球经济社会可持续发展的第一制约因素，这一态势短期内不会改变。面对当前这种全球性资源问题严峻、环境问题突出的现状，如何高效利用现有资源，使得人类社会与自然界和谐共处，是急需解决的科学问题，也是资源管理部门最为棘手的难题之一。

二、世界金融危机与全球资源市场发展态势

经济全球化条件下的世界金融危机，其本质是由全球市场的消费不足导致的全球范围的产品相对过剩的经济危机。金融危机只是这场危机的前期表现形式。2008 年美国爆发了严重的金融危机，并在全球引起连锁反应。金融危机大体可以划分为三个阶段，即债务危机、流动性危机和信用危机。金融危机导致国际需求短期快速下跌，严重依赖出口的国家和经济结构性问题突出的国家，受到的影响最为明显。全球几大经济体中，欧洲面临的老龄化、经济疲软、债务威胁、难民危机等问题在 2008 年之后本质上并没有得到解决，欧洲一体化由于英国退欧而遭受重创。这一背景下，全球经济增长的不确定性增加，资源市场波动将加大。

以工业原料为代表的国际大宗商品价格波动对国内宏观经济运行造成的显著影响不可忽视。作为工业产业链中上游行业的重要生产要素，工业原材料参与经济的投入产出过程，并通过产业链的传导影响下游行业的生产。在金融危机之前的几年中，由我国经济高速增长带动的国际大宗商品高价刺激了国内外铁、铝、铜等大宗矿产的开采，生产量一直高速增长，但在 2008 年金融危机爆发期间增速放缓，相关矿产品价格在 2008 年下半年开始大幅回落。2009 年之后因 4 万亿投资刺激计划，矿产品产量再次提升。但随着金融危机持续发酵，中国经济进入新常态，从 2012 年开始，资源型产品产能出现严重过剩，我国不得不面临一个艰难的传统产业"去产能"的阶段。矿业进入一个衰退周期，国际大宗矿产品价格急剧下降，国际地勘投入也进入下降通道。石油是受金融危机影响最大的大宗商品。全球石油市场波动最为剧烈，目前原油价格已从先前的 150 美元/桶下跌到 50 美元/桶。尽管 2016 年以来，国际大宗矿产品价格指数有所回升，但据多家权威部门预测，未来较长一段时期，全球矿产品市场很难进入大的景气周期（图 2-4，图 2-5）。

全球资源市场波动加大直接影响区域性资源市场供需格局。国土资源作为自然资源中的重中之重，其管理方式和发展途径是亟待解决的科学问题。中央明确提出要加快供给侧改革，就是强调要通过改革促进创新，以提高全要素生产效率和市场竞争力的方式促进经济发展，而非靠刺激政策和投资拉动来提升总需求的方式促进经济发展。贵州省作为资源富集地区，如何发挥优势，提高矿业抗风险能力，延长产业链，提高资源经济质量，在新时期仍然是一个重要命题。

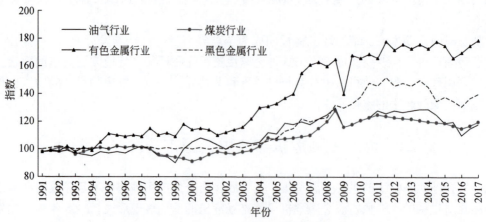

图 2-4　1991～2017 年中国矿业行业指数走势
资料来源：中国国土资源经济研究院矿产资源形势分析小组

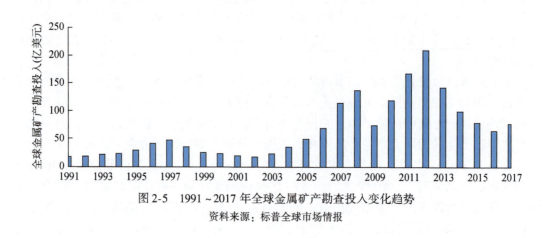

图 2-5　1991～2017 年全球金属矿产勘查投入变化趋势
资料来源：标普全球市场情报

三、应对气候变化与中国庄严承诺

从联合国政府间气候变化专门委员会（Intergovernmental Panel on Climate Change, IPCC）第五次报告关于全球气候变化的数据中可以看出，全球变暖趋势仍在继续，陆地表面气温与海洋表面气温、海洋温度均持续上涨，海平面持续上升，夏季北冰洋冰量持续下降。

已有大量研究表明，人类使用化石能源产生大量温室气体排放，导致大气臭氧层破坏是全球气候变暖的重要人为原因。因此，应对全球气候变化，发展低碳经济，减少温室气体排放已逐渐成为共识。全球低碳经济浪潮中世界主要经济体的做法见表 2-3。

表 2-3　全球低碳经济浪潮中世界主要经济体的做法

世界主要经济体	做法
英国	2003 年英国政府首次以政府文件形式正式提出低碳经济概念，不仅着力于解决其国内的减排和替代转型问题，而且积极推动世界范围的体坛经济
	2008 年颁布实施的《气候变化法案》使英国成为世界上第一个为温室气体减排目标立法的国家，并成立了相应的气候变化委员会
	2009 年 7 月英国公布了能源与气候变化白皮书《英国低碳转型计划》，计划承诺到 2020 年英国将在 1990 年的基础上减排 34% 的温室气体，同时公布的还有 3 个配套计划——《英国低碳工业战略》、《英国可再生能源战略》及《低碳交通战略》
欧盟	2008 年 1 月欧盟委员会提出了《气候变化行动与可再生能源一揽子计划》，承诺到 2020 年将可再生能源占能源消耗总量的比例提高到 20%，将煤炭、石油、天然气等一次能源的消耗量减少 20%，将生物燃料在交通能耗中所占的比例提高到 10%
	2011 年 12 月 5 日欧盟委员会发布 "2050 能源路线图"，提出到 2050 年将欧盟温室气体排放量在 1990 年基础上减少 80%～95%
美国	2007 年 7 月 11 日，美国参议院提出《低碳经济法案》
	2009 年 2 月 15 日，美国出台《美国复苏与再投资法案》将发展新能源列为重要内容
	2009 年 3 月 31 日，美国众议院能源委员会向国会提出了 "2009 年美国绿色能源与安全保障法案"
日本	2008 年日本政府提出了日本新的防止气候变暖的对策，即 "福田蓝图"，提出 "到 2050 年温室气体排放量比目前减少 60%～80%" 的减排目标
	2009 年颁布 "低碳行动计划"
	2009 年颁布《绿色经济与社会变革》，实行减少温室气体排放等措施，强化日本低碳经济
韩国	2009 年 7 月，韩国公布了《绿色增长国家战略及 5 年计划》，确定了 2009～2050 年的低碳绿色增长总体目标，提出大力发展低碳技术产业
	2010 年 4 月正式实施《低碳绿色成长基本法》，规定在一定范围内的企业必须测定并公开最近 3 年的温室气体排放量，其测定结果必须接收外部检察机关的核查
	2011 年 11 月韩国公布了《温室气体排放配额分配与交易法》

应对全球气候变化，发展低碳经济，就是要尽可能地减少煤炭、石油等传统化石能源消耗，减少温室气体排放。在 2015 年巴黎气候大会上，中国政府促成了各方达成共识。国家主席习近平 2017 年初在瑞士达沃斯的讲话向国际社会重申了中国应对气候变化的承诺。中国气候变化事务特别代表解振华也再次表示，中国未来有能力承担全球应对气候变化的领导责任。

国家发展和改革委员会发布的《中国应对气候变化的政策与行动 2016 年度报告》明确提出：在优化能源结构方面要严格控制煤炭消费，推进化石能源清洁化利用，推动非化石能源发展，加快能源改革步伐。发展低碳经济，就要减少传统化石能源的使用，加大新清洁能源的使用，调整能源结构，升级使用方式。贵州省作为煤炭资源大省，既要发挥好煤炭优势资源的作用，也要做好能源结构的调整，在绿色水电、页岩气、煤层气等新资源领域实现新的突破，是贵州国土资源部门努力的方向之一。

第三节 中国生态文明建设的战略布局

秉持可持续发展理念，党的十八大提出建设生态文明的总体战略以来，生态文明理念深入人心，这要求新时期国土资源管理要进行积极地调整和适应。

一、生态文明战略与"五位一体"总体布局

生态文明建设是中国特色社会主义事业的重要内容，关系人民福祉，关乎民族未来，事关"两个一百年"奋斗目标和中华民族伟大复兴中国梦的实现。党中央、国务院高度重视生态文明建设，先后出台了一系列重大决策部署，推动生态文明建设取得了重大进展和积极成效。

党的十七大报告首次提出，"建设生态文明，基本形成节约能源资源和保护生态环境的产业结构、增长方式、消费模式……生态文明观念在全社会牢固树立。"2012 年 7 月 23日，胡锦涛主席在省部级主要领导干部专题研讨班开班式上发表重要讲话，指出"推进生态文明建设是涉及生产方式和生活方式根本性变革的战略任务，必须把生态文明建设的理念、原则、目标等深刻融入和全面贯穿到我国经济、政治、文化、社会建设的各方面和全过程。"，初步阐明了生态文明在中国特色社会主义事业总体布局中的地位。党的十八大从新的历史起点出发，做出"大力推进生态文明建设"的战略决策，强调未来要"全面落实经济建设、政治建设、文化建设、社会建设、生态文明建设五位一体总体布局"。这是党第一次通过重大文件把生态文明建设正式纳入中国特色社会主义事业总体布局。党的十八大报告第八部分提出了优化国土空间开发格局、全面促进资源节约、加大自然生态系统和环境保护力度、加强生态文明制度建设四大战略任务，从而完整描绘了今后相当长一个时期我国生态文明建设的宏伟蓝图。

1. 良好生态环境是最普惠的民生福祉

习近平总书记指出，良好生态环境是最公平的公共产品，是最普惠的民生福祉。保护生态环境，关系最广大人民的根本利益，关系中华民族发展的长远利益，是功在当代、利在千秋的事业。习近平总书记提出："走向生态文明新时代，建设美丽中国，是实现中华民族伟大复兴的中国梦的重要内容。"他要求"为人民群众提供更多生态公共产品，提高生活质量和幸福指数，让老百姓在分享发展红利的同时，更充分地享受绿色福利，使生态文明建设成果更好地惠及全体人民，造福子孙后代。""我们既要绿水青山，也要金山银山。宁要绿水青山，不要金山银山，而且绿水青山就是金山银山。"这生动形象地表达了党和政府大力推进生态文明建设的鲜明态度和坚定决心。要按照尊重自然、顺应自然、保护自然的理念，贯彻节约资源和保护环境的基本国策，把生态文明建设融入经济建设、政

治建设、文化建设、社会建设各方面和全过程。总之，环境就是民生，青山就是美丽，蓝天也是幸福，国土资源部门在守住绿水青山和开发金山银山两个方面都要承担起不可替代的管理职责，必须时刻把守住生态环境这个最普惠的民生福祉作为国土资源管理工作的一个基本出发点。

2. 保护生态环境就是保护生产力

生态兴则文明兴，生态衰则文明衰，保护生态环境就是保护生产力，改善生态环境就是发展生产力。这一重要论述，深刻阐明了生态环境与生产力之间的关系，是对生产力理论的重大发展，饱含尊重自然、谋求人与自然和谐发展的价值理念和发展理念，要求我们要正确处理好经济发展同生态环境保护的关系，牢固树立"保护生态环境就是保护生产力、改善生态环境就是发展生产力"的理念，更加自觉地推动绿色发展、循环发展、低碳发展，决不以牺牲环境为代价去换取一时的经济增长。要"像保护眼睛一样保护生态环境，像对待生命一样对待生态环境"，要求国土资源部门要处理好发展和生态两条底线的关系。

3. 以系统工程思路抓生态建设

环境治理是一个系统工程，山水林田湖草是一个生命共同体，人的命脉在田，田的命脉在水，水的命脉在山，山的命脉在土，土的命脉在林草。必须切实把能源资源保障好，把环境污染治理好，把生态环境建设好，为人民群众创造良好生产生活环境。国土是生态文明建设的空间载体，建设生态文明必须从资源使用这个源头抓起，把节约资源作为根本之策。

二、新时代社会主义生态文明建设的新要求

党的十九大提出新时代中国特色社会主义思想，明确建设生态文明是中华民族永续发展的千年大计，提出了坚持人与自然和谐共生的基本方略和加快生态文明体制改革，建设美丽中国的战略部署。新时代社会主义生态文明建设的新要求对贵州省国土资源可持续发展具有重要指导意义。

1. 提供更多优质生态产品以满足人民优美生态环境需要

新时期我国社会主要矛盾已转化为人民日益增长的美好生活需要和不平衡不充分的发展之间的矛盾。当前人民美好生活需要日益广泛，不仅对物质文化生活提出了更高要求，而且在生态环境等方面的要求日益增长。因此，既要创造更多物质财富和精神财富以满足人民日益增长的美好生活需要，也要提供更多优质生态产品以满足人民日益增长的优美生态环境需要。必须坚持节约优先、保护优先、自然恢复为主的方针，形成节约资源和保护环境的空间格局、产业结构、生产方式、生活方式，还自然以宁静、和谐、美丽。坚持节约优先、保护优先、自然恢复为主的方针，为贵州省国土资源可持续发展战略的制定提供

了准绳。

2. 建设人与自然和谐共生的现代化

党的十九大提出了到本世纪中叶我国社会主义现代化建设三步走两阶段的战略，并明确提出，"我们要建设的现代化是人与自然和谐共生的现代化"，必须树立和践行绿水青山就是金山银山的理念，坚持节约资源和保护环境的基本国策，像对待生命一样对待生态环境，统筹山水林田湖草系统治理，实行最严格的生态环境保护制度，形成绿色发展方式和生活方式，坚定走生产发展、生活富裕、生态良好的文明发展道路。坚持节约资源和保护环境的基本国策，突出现代化建设过程中的生态环境保护，这是贵州国土资源守住发展和生态两条底线的必然要求。

3. 加快生态文明体制改革

党的十九大报告较为系统地阐述了我国生态文明体制改革的重点领域，这也是贵州省国土资源管理改革创新的重要方向。

1）推进绿色发展。加快建立绿色生产和消费的法律制度和政策导向，要求贵州国土资源管理改革创新要形成有利于绿色生产和消费的资源管理法律法规和体制机制。壮大节能环保产业、清洁生产产业、清洁能源产业，推进能源生产和消费革命，构建清洁低碳、安全高效的能源体系，贵州省煤层气、页岩气、地热等清洁能源开发大有可为。推进资源全面节约和循环利用，必须把节约集约利用国土资源作为贵州省国土资源可持续发展的重要战略。

2）着力解决突出环境问题。强化土壤污染管控和修复，加强农业面源污染防治，要求贵州省必须把耕地保护和土壤污染治理放在非常突出的地位。加强固体废弃物和垃圾处置，要求贵州省矿产资源在综合利用上要下大功夫。积极参与全球环境治理，落实减排承诺，要求贵州省在能源结构调整上有所作为。

3）加大生态系统保护力度。实施重要生态系统保护和修复重大工程，优化生态安全屏障体系，构建生态廊道和生物多样性保护网络，提升生态系统质量和稳定性，要求贵州省必须守住生态底线，在资源开发过程中保护好生态。完成生态保护红线、永久基本农田、城镇开发边界三条控制线划定工作，要求国土资源部门在协调空间开发格局上发挥更为突出的作用。开展国土绿化行动，推进荒漠化、石漠化、水土流失综合治理，强化湿地保护和恢复，加强地质灾害防治，这是贵州省国土资源保护和治理的重要任务。完善天然林保护制度，扩大退耕还林还草。严格保护耕地，扩大轮作休耕试点，健全耕地草原森林河流湖泊休养生息制度，建立市场化、多元化生态补偿机制，这是贵州省守住生态底线的重要手段。

4）改革生态环境监管体制。加强对生态文明建设的总体设计和组织领导，设立国有自然资源资产管理和自然生态监管机构，完善生态环境管理制度，统一行使全民所有自然资源资产所有者职责，统一行使所有国土空间用途管制和生态保护修复职责，统一行使监管城乡各类污染排放和行政执法职责。构建国土空间开发保护制度，完善主体功能区配套政策，建立以国家公园为主体的自然保护地体系。这是今后较长一段时期贵州省生态文明建设和国土资源管理改革创新的重要方向。

第四节　贵州省可持续发展战略环境

经济增长、人口变化、城镇化等是影响国土资源需求的重要社会经济因素，贵州省内一系列重大发展战略的实施也将影响国土资源战略布局。科学研判贵州经济社会发展态势和重大发展战略取向，以服务于国土资源战略制定。

一、贵州省经济社会发展态势

贵州省属于西部欠发达省份，近年来随着国家西部大开发战略实施和精准扶贫精准脱贫政策实施，在国家基础设施、重大项目支持和区域对口支援下，贵州省经济社会转型发展加速，后发赶超的态势开始形成。

1. 经济增长与产业发展态势

（1）经济增长态势

近几年来，在金融危机和中国经济新常态背景下，贵州省地区生产总值（gross domestic product，GDP）增长速度放缓，但增速居于全国前列。

以 1978 年不变价计算的 GDP 增长速度显示：2015 年，贵州省 GDP 比上年增长10.70%，高于全国平均水平 6.90%，在全国 31 个省（自治区、直辖市）[①] 中排名第 3 位（图 2-6）。

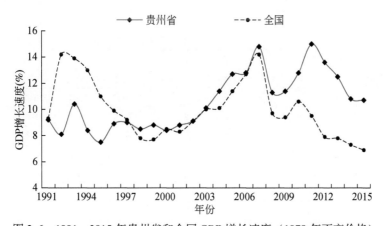

图 2-6　1991～2015 年贵州省和全国 GDP 增长速度（1978 年不变价格）

_____

① 结果分析不包含香港、澳门、台湾地区，下同。

以 1978 年不变价格计算的人均 GDP 增长速度显示：2004 年开始，贵州省人均 GDP 增长速度超过全国平均水平，此后增长速度明显较高。2015 年，贵州省人均 GDP 比上年增长 10.30%，高于全国平均水平 6.40%（图 2-7）。

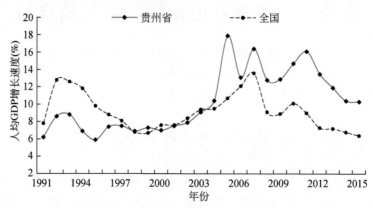

图 2-7　1991~2015 年贵州省和全国人均 GDP 增长速度（1978 年不变价格）

（2）人均 GDP 低，经济发展依然落后

2015 年，贵州省人均 GDP 为 29 847 元，比全国平均水平 49 992 元低 20 145 元，仅为全国平均水平的 59.70%，不到全国最高水平（天津市）的 1/3。在全国 31 个省（自治区、直辖市）中排名倒数第 3 位，仅高于云南省、甘肃省（表 2-4）。

表 2-4　2015 年全国 31 个省（自治区、直辖市）人均 GDP　　　　（单位：元）

省（自治区、直辖市）	人均 GDP	排序	省（自治区、直辖市）	人均 GDP	排序
天津市	107 960	1	青海省	41 252	17
北京市	106 497	2	海南省	40818	18
上海市	103 796	3	河北省	40 255	19
江苏省	87 995	4	新疆维吾尔自治区	40 036	20
浙江省	77 644	5	黑龙江省	39 462	21
内蒙古自治区	71 101	6	河南省	39 123	22
福建省	67 966	7	四川省	36 775	23
广东省	67 503	8	江西省	36 724	24
辽宁省	65 354	9	安徽省	35 997	25
山东省	64 168	10	广西壮族自治区	35 190	26
重庆市	52 321	11	山西省	34 919	27
吉林省	51 086	12	西藏自治区	31 999	28
湖北省	50 654	13	贵州省	29 847	29
陕西省	47 626	14	云南省	28 806	30
宁夏回族自治区	43 805	15	甘肃省	26 165	31
湖南省	42 754	16	全国平均水平	49 992	—

注：表中数据按当年价格计

（3）农村经济发展水平低，贫困发生率高

2015年，贵州省农村常住居民人均可支配收入为7386.87元，仅为全国平均水平的64.67%、全国最高水平（上海市）的31.83%，在全国31个省（自治区、直辖市）中排名倒数第2位（表2-5）。

表2-5　2015年全国31个省（自治区、直辖市）农村常住居民人均可支配收入　（单位：元）

省（自治区、直辖市）	人均可支配收入	排序	省（自治区、直辖市）	人均可支配收入	排序
上海市	23 205.20	1	河南省	10 852.86	17
浙江省	21 125.00	2	安徽省	10 820.73	18
北京市	20 568.72	3	内蒙古自治区	10 775.89	19
天津市	18 481.63	4	重庆市	10 504.71	20
江苏省	16 256.70	5	四川省	10 247.35	21
福建省	13 792.70	6	广西壮族自治区	9 466.58	22
广东省	13 360.44	7	山西省	9 453.91	23
山东省	12 930.37	8	新疆维吾尔自治区	9 425.08	24
辽宁省	12 056.87	9	宁夏回族自治区	9 118.69	25
湖北省	11 843.89	10	陕西省	8 688.91	26
吉林省	11 326.17	11	西藏自治区	8 243.68	27
江西省	11 139.08	12	云南省	8 242.08	28
黑龙江省	11 095.22	13	青海省	7 933.41	29
河北省	11 050.51	14	贵州省	7 386.87	30
湖南省	10 992.55	15	甘肃省	6 936.21	31
海南省	10 857.55	16	全国平均水平	11 421.71	—

2015年，贵州省农村贫困人口为493万人，贫困发生率为14.04%。农村贫困人口占全国总数的8.77%，农村贫困人口数量在全国31个省（自治区、直辖市）中排名第1位。全省共有66个贫困县、190个贫困乡、9000个贫困村。全省88个县（市、区、特区）中，贫困发生率在10%以上的有61个。其中，黔东南苗族侗族自治州（简称黔东南州）贫困发生率高达21.69%。榕江县、晴隆县、三都水族自治县贫困发生率超过25.00%。66个贫困县中，有23个县的贫困发生率大于20.00%。

2015年，全省9个市（州）农村贫困人口分布为：毕节市115.45万人，占全省的23.42%；黔东南州84.32万人，占全省的17.10%；铜仁市58.32万人，占全省的11.83%；黔南布依族苗族自治州（简称黔南州）58.29万人，占全省的11.82%；遵义市55.83万人，占全省的11.32%；黔西南布依族苗族自治州（简称黔西南州）43.23万人，占全省的8.77%；六盘水市41.65万人，占全省的8.45%；安顺市34.39万人，占全省的6.98%；贵阳市1.52万人，占全省的0.31%。

（4）产业结构及基本特征

1）三次产业结构的层次和高度仍然偏低，低于全国平均水平。2015年，贵州省第

一、第二、第三产业增加值构成为 15.6：39.5：44.9，第三产业比重最大（图 2-8）。与全国第一、第二、第三产业增加值构成 8.9：40.9：50.2 的平均水平相比较，第一产业比重偏高，第三产业比重较低。从第一、第二、第三产业就业人员构成来看，贵州省为 59.7：16.2：24.1，与全国 28.3：29.3：42.4 的平均水平相比较，贵州省第一产业就业人员比重明显偏高，是全国平均水平的 2.11 倍，而非农产业就业人员比重明显偏低。

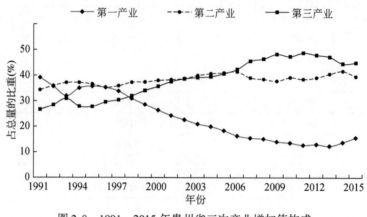

图 2-8　1991～2015 年贵州省三次产业增加值构成

2）三次产业增加值结构高度已逐步接近全国平均水平。从三次产业增加值构成的变化来看，贵州省第一产业增加值比重持续下降，第二、第三产业增加值比重持续上升。近几年来，第三产业增加值比重上升较快，超过第二产业，成为经济增长的主要力量。与全国平均水平相比较，第一产业增加值比重偏高，而第三产业增加值比重则偏低。但是，从贵州省三次产业增加值构成的态势来看，其三次产业增加值结构高度已逐步接近全国平均水平（图 2-9）。

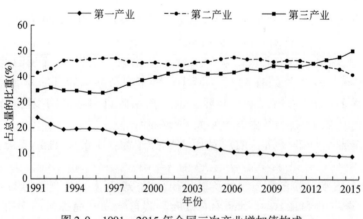

图 2-9　1991～2015 年全国三次产业增加值构成

3）就业结构高度低于全国平均水平，第一产业滞留大量劳动力。从三次产业就业构成的变化来看，与全国平均水平相比，贵州省第一产业就业比重明显偏高，且下降较为缓慢。而第二、第三产业就业比重则明显偏低，上升速度较慢（图2-10、图2-11）。这一状况表明，贵州省三次产业的就业结构高度远低于全国平均水平。第一产业滞留大量劳动力，而非农产业尤其第二产业吸纳劳动力的能力还较低。这也是贵州省城镇化率偏低的主要原因。必须加快产业结构调整和优化升级，提升产业结构的就业结构高度，加快农村剩余劳动力的转移和推进城镇化的速度。

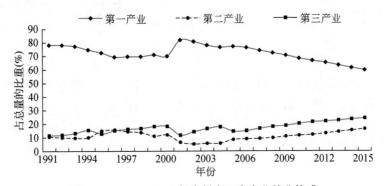

图2-10　1991~2015年贵州省三次产业就业构成

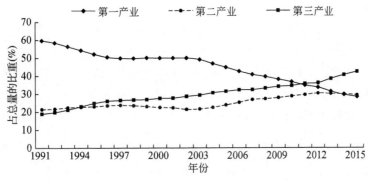

图2-11　1991~2015年全国三次产业就业构成

从三次产业就业结构和产值结构来看，贵州省工业化和城镇化的任务还相当艰巨。

4）工业内部以能源原材料工业为主导。2015年，规模以上工业增加值为3542.0亿元。酒、饮料和精制茶制造业，煤炭开采和洗选业，电力、热力生产和供应业，烟草制品业，以及塑料制品业等传统产业所占比重较大（表2-6）。

表2-6　2015年贵州省主要工业行业增加值占工业增加值的比重　　　（单位:%）

工业大类行业	比重	工业大类行业	比重
酒、饮料和精制茶制造业	20.22	非金属矿物制品业	2.23
煤炭开采和洗选业	19.33	农副食品加工业	1.58
电力、热力生产和供应业	10.29	通信设备、计算机及其他电子设备制造业	1.48
烟草制品业	8.58	食品制造业	1.27

工业大类行业	比重	工业大类行业	比重
塑料制品业	7.02	橡胶制品业	1.25
化学原料及化学制品制造业	4.51	有色金属冶炼和压延加工业	1.15
黑色金属冶炼和压延加工业	4.27	木材加工及木、竹、藤、棕、草制品业	1.13
医药制造业	2.87	交通运输设备制造业	1.10
非金属矿采选业	2.38	通用设备制造业	1.05

注：表中仅列出所占工业增加值增长总额大于1的行业

另外，煤炭开采和洗选业、化学原料及化学制品制造业、黑色金属冶炼和压延加工业、非金属矿采选业、非金属矿物制品业、有色金属冶炼和压延加工业6个和固体矿产相关的行业的增加值，合计占全省工业增加值总额的33.87%。这一情况充分表明，当前和未来一段时期内，固体矿产的开发利用和原材料工业在贵州工业经济增长中仍将占有举足轻重的地位。

酒、饮料和精制茶制造业、煤炭开采和洗选业，塑料制品业3个行业对工业经济增长的贡献十分明显。有色金属冶炼和压延加工业、非金属矿物制品业2个高能耗行业对工业经济增长的贡献不明显。

2012～2015年，贵州省规模以上工业增加值增长1486.57亿元。其中，酒、饮料和精制茶制造业增长量最大（337.23亿元），占工业增长总额的22.69%。其次，煤炭开采和洗选业、塑料制品业2个行业所占份额较大。而有色金属冶炼和压延加工业、非金属矿物制品业2个高耗能行业对工业经济增长的贡献不明显，这2个行业是贵州省未来工业结构优化升级、节能降耗的重点行业（表2-7）。

表2-7　2012～2015年贵州省主要工业行业增加值增长占工业增加值增长的比重（单位：%）

工业大类行业	比重	工业大类行业	比重
酒、饮料和精制茶制造业	22.69	农副食品加工业	2.38
煤炭开采和洗选业	14.29	橡胶制品业	1.85
塑料制品业	12.26	食品制造业	1.60
黑色金属冶炼和压延加工业	5.11	电气机械及器材制造业	1.59
电力、热力生产和供应业	4.65	有色金属冶炼和压延加工业	1.58
烟草制品业	3.83	专用设备制造业	1.49
化学原料及化学制品制造业	3.38	金属制品业	1.43
医药制造业	3.29	非金属矿物制品业	1.36
非金属矿采选业	3.12	通用设备制造业	1.36
通信设备、计算机及其他电子设备制造业	2.56	有色金属矿采选业	1.15

注：表中仅列出所占工业增加值增长比重较大的行业

近几年来，贵州省规模以上高技术企业发展速度加快，总产值快速增长，对工业经济增长的贡献效应逐步显现。2011～2015 年，规模以上高技术企业数及规模以上高技术企业总产值、利润总额等增长较快。2015 年，规模以上高技术企业总产值 889.72 亿元，是 2011 年的 2.26 倍，占当年规模以上工业总产值比重的 8.24%（表 2-8）。总体上，高技术产业发展规模壮大，将成为工业经济增长的重要拉动力。

表 2-8　2001～2015 年贵州省规模以上高技术企业数和经济指标

年份	企业数（个）	总量（亿元）	占规模以上工业总产值比重（%）	利税总额（亿元）	利润总额（亿元）
2011	157	392.87	7.12	35.18	22.38
2012	187	423.57	6.47	45.17	28.07
2013	147	518.96	6.43	50.9	30.47
2014	170	638.31	6.71	69.41	43.92
2015	215	889.72	8.24	92.97	56.92

（5）旅游经济增长迅速

旅游业是一个复合型、综合性产业，涉及交通、住宿、餐饮、贸易、文娱、金融、信息、物流等多个行业。同时，旅游业还是一个开放性、关联度较高的产业，与第一、第二、第三产业逐渐深度融合，衍生出农业旅游、工业旅游、文化旅游、商务旅游、康体养生等多种复合型新业态。近些年来，贵州省旅游业发展较快，主要指标增速位居全国前列，成为拉动经济增长的重要因素和新动力。

2010～2014 年，贵州省旅游业主要指标年均增长约为 23.00%；2014 年，旅游增加值达到 780 亿元，占 GDP 比重提高至 8.70%，占服务业增加值比重增至 18.00% 左右，旅游业对财政收入的贡献率达 10.50% 左右，产业规模不断壮大。

2001～2015 年，贵州省国内旅游人数、国内旅游收入快速增长。2015 年，国内旅游人数达到 37 536.00 万人次，比上一年增长 17.12%。国内旅游收入达到 3500.46 亿元，比上一年增长 21.43%。两项指标增长速度均较快（图 2-12、图 2-13）。

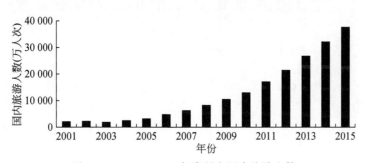

图 2-12　2001～2015 年贵州省国内旅游人数

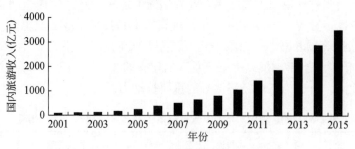

图 2-13　2001～2015 年贵州省国内旅游收入

2001～2015 年，贵州省入境旅游人数、国际旅游外汇收入也呈现较快的增长态势。2015 年，入境旅游人数达到 94.09 万人次，国际旅游外汇收入达到 20 111.94 万美元（图 2-14，图 2-15）。

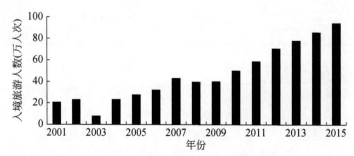

图 2-14　2001～2015 年贵州省入境旅游人数

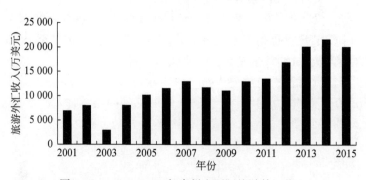

图 2-15　2001～2015 年贵州省国际旅游外汇收入

2004～2015 年，贵州省国内旅游人数、国内旅游收入增长率大多明显高于全国平均水平（图 2-16，图 2-17）。2015 年，贵州省国内旅游人数、国内旅游收入分别比上一年增长 17.12%、21.43%，高于全国同期 10.77%、12.81% 的平均水平，旅游业继续保持较快的发展速度和态势。

（6）基本结论

1）三次产业结构方面。三次产业结构层次偏低，产业结构不合理，增加值、就业的结构性失衡明显。目前，与全国平均水平相比较，贵州省第一产业比重偏高，第三产业比

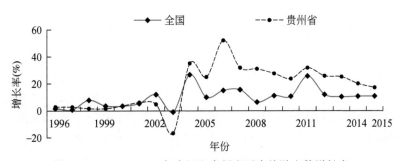

图 2-16　1996～2015 年全国和贵州省国内旅游人数增长率

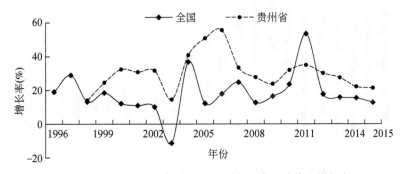

图 2-17　1996～2015 年全国和贵州省国内旅游收入增长率

重较低。第一产业就业人员比重是全国平均水平的 2.11 倍，而非农产业就业人员比重明显偏低。第一产业就业比重过高，非农产业尤其第二产业（主要是工业）吸纳劳动力的能力较弱。第三产业吸纳就业能力呈上升趋势，但仍低于全国平均水平。这一状况导致大量劳动力滞留在第一产业中，影响人口城镇化进程。从三次产业增加值构成的态势来看，贵州三次产业的增加值结构高度已逐步接近全国平均水平。

　　2）工业行业结构方面。酒、饮料和精制茶制造业，煤炭开采和洗选业，电力、热力生产和供应业，烟草制品业、塑料制品业等传统产业所占比重较大，对工业经济增长的贡献十分明显；固体矿产的开发利用和原材料工业比重较大，在贵州省工业经济增长中仍将占有举足轻重的地位。同时，资源和能源消耗高，产业链条较短，矿产资源优势及农产品优势尚未充分转化为经济优势。

　　综合三次产业结构和工业内部结构可看出，贵州省处于农业社会特征突出、工业化明显不足的阶段，未来较长一段时期，以矿业为主体的资源产业仍将为国民经济支柱。

　　3）产业结构优化方面。近几年来，贵州省产业结构调整升级的成效逐步显现，经济增长呈现新的亮点。一是规模以上高技术企业发展速度加快，总产值快速增长，发展规模壮大，将成为工业经济增长的重要拉动力。二是第三产业增加值比重上升较快，这与工业化发展不足有关，第三产业增加值比重超过第二产业，成为经济增长的主要力量。三是旅游业发展较快，主要指标增速位居全国前列，成为拉动经济增长的重要因素和新动力。

2. 人口增长及其城镇化态势

（1）人口数量增长

2015 年，贵州省年末常住人口为 3529.50 万人，占全国总人口的 2.57%。从人口自然增长数量和自然增长率来看，1991～2015 年，基本呈现下降趋势。2013～2015 年，贵州省人口自然增长分别为 20.61 万人、20.33 万人和 20.40 万人，自然增长率分别为 5.90‰、5.80‰和 5.80‰，基本保持相对稳定的自然增长水平（图 2-18，图 2-19）。

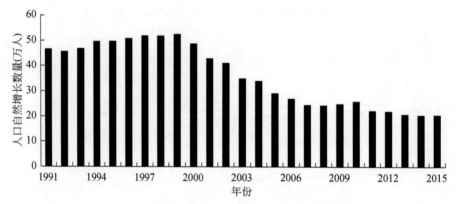

图 2-18　1991～2015 年贵州省人口自然增长数量

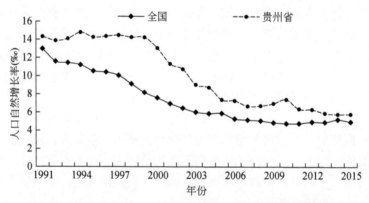

图 2-19　1991～2015 年全国和贵州省人口自然增长率

与全国平均水平相比较，20 世纪 90 年代到 21 世纪初期，贵州省人口自然增长率远高于全国平均水平。但 2005～2015 年贵州省人口自然增长率下降较快，近几年逐步接近全国平均水平。2015 年，贵州省人口自然增长率为 5.80‰，仅高于全国 0.84 个千分点，在全国 31 个省（自治区、直辖市）中排名第 15 位，基本上居于中等增长水平（表 2-9）。

表 2-9　2015 年全国 31 个省（自治区、直辖市）人口自然增长率　（单位:‰）

省（自治区、直辖市）	自然增长率	排序	省（自治区、直辖市）	自然增长率	排序
新疆维吾尔自治区	11.08	1	河北省	5.56	17
西藏自治区	10.65	2	浙江省	5.02	18
海南省	8.57	3	湖北省	4.91	19
青海省	8.55	4	山西省	4.42	20
宁夏回族自治区	8.04	5	重庆市	3.86	21
广西壮族自治区	7.90	6	陕西省	3.82	22
福建省	7.80	7	四川省	3.36	23
安徽省	6.98	8	北京市	3.01	24
江西省	6.96	9	上海市	2.45	25
广东省	6.80	10	内蒙古自治区	2.40	26
湖南省	6.72	11	江苏省	2.02	27
云南省	6.40	12	吉林省	0.34	28
甘肃省	6.21	13	天津市	0.23	29
山东省	5.88	14	辽宁省	−0.42	30
贵州省	5.80	15	黑龙江省	−0.60	31
河南省	5.65	16	全国平均水平	4.96	—

（2）人口城镇化率

总体来看，贵州省城镇化水平稳步提高。2015 年，与第六次全国人口普查相比较，5 年间上升了 8.20 个百分点。但与全国平均水平相比，存在较大差距。2015 年，贵州省城镇化率（42.01%）低于全国平均水平（56.10%）14.09 个百分点。在全国 31 个省（自治区、直辖市）中排名倒数第 2 位，仅高于西藏自治区，略低于云南省和甘肃省（表 2-10，图 2-20）。

表 2-10　2015 年全国 31 个省（自治区、直辖市）人口城镇化率　（单位:‰）

省（自治区、直辖市）	人口城镇化率	排序	省（自治区、直辖市）	人口城镇化率	排序
上海市	87.60	1	内蒙古自治区	60.30	10
北京市	86.50	2	黑龙江省	58.80	11
天津市	82.64	3	山东省	57.01	12
广东省	68.71	4	湖北省	56.85	13
辽宁省	67.35	5	吉林省	55.31	14
江苏省	66.52	6	宁夏回族自治区	55.23	15
浙江省	65.80	7	海南省	55.12	16
福建省	62.60	8	山西省	55.03	17
重庆市	60.94	9	陕西省	53.92	18

省（自治区、直辖市）	人口城镇化率	排序	省（自治区、直辖市）	人口城镇化率	排序
江西省	51.62	19	广西壮族自治区	47.06	26
河北省	51.33	20	河南省	46.85	27
湖南省	50.89	21	云南省	43.33	28
安徽省	50.50	22	甘肃省	43.19	29
青海省	50.30	23	贵州省	42.01	30
四川省	47.69	24	西藏自治区	27.74	31
新疆维吾尔自治区	47.23	25	全国平均水平	56.10	—

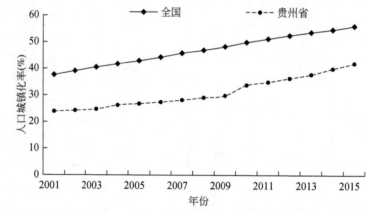

图 2-20 2001～2015 年全国和贵州省人口城镇化率

总体来说，贵州省农业人口转移为城市市民的潜力巨大，城市化的任务艰巨。

3. 人口数量与经济增长预测

（1）人口数量预测

基于全国第六次人口普查数据，运用国家卫生和计划生育委员会人口信息中心开发的"中国人口预测系统"（China's population project system，CPPS）软件，对贵州省 2016～2030 年人口总量增长和城乡人口变化进行预测。

1）预测方法与数据。采用分要素预测方法，预测基年为 2010 年，预测基年的数据来源于 2010 年全国第六次人口普查数据，包括分年龄和性别的人口数量、死亡率、育龄妇女年龄别生育率。预测 2016～2030 年人口规模和结构的发展变动趋势。

CPPS 软件进行人口预测的基本原理是分要素推算法。它是在起始年的分年龄人口数量、死亡率、育龄妇女生育率等基础数据及总和生育率、死亡参数（预期寿命）、性别参数（出生性别比）、生育模式等参数的基础上，预测未来人口增长和变动趋势。人口规模变动通常用下列公式计算：

预测年份人口数量=预测起始年份人口数量+预测年份内出生人口数量−预测年份内死

亡人口数量+预测期省内净迁入人口数量（可以为负数，表示净迁出）

2）预测结果与分析。贵州省人口自然增长将在 2021 年左右达到峰值，此后将逐年下降，2030 年人口自然增长达到 13.83 万人，人口总数达到 3858.61 万人（表2-11）。

表 2-11 2016～2030 年贵州省人口规模预测结果 （单位：万人）

年份	总人口	年份	总人口	年份	总人口
2016	3560.57	2021	3679.17	2026	3793.61
2017	3582.48	2022	3703.96	2027	3812.48
2018	3605.53	2023	3728.14	2028	3829.58
2019	3629.55	2024	3751.35	2029	3844.78
2020	3654.25	2025	3773.23	2030	3858.61

依据《贵州省"十三五"人口发展规划》和《贵州省城镇体系规划（2011—2030年)》，2020 年人口城镇化率达到 50% 以上，2030 年人口城镇化率超过 60%。《国家人口发展规划（2016—2030 年)》提出我国 2020 年、2030 年的人口城镇化率目标分别为 60% 和 70%，如果按上述贵州省人口城镇化的目标，到 2030 年与全国平均水平相比，仍然低 10 个百分点，差距依然大。

基于上述分析，结合贵州省近几年人口城镇化的趋势（表2-12），设定 2020 年人口城镇化率为 52%，2030 年人口城镇化率为 64%，逐步缩小和全国平均水平的差距①。在此基础上，采用线性插值方法，得到 2016～2030 年各个年份的贵州省人口城镇化率，并计算得到相关年份的城镇人口、乡村人口数。人口城镇化率的插值结果显示：2016～2020 年的"十三五"期间，人口城镇化率保持当前较快的增长势头（比上年增长 4.00% 以上），2021 年后逐年下降，2030 年人口城镇化率比上年增长 1.91%，这一趋势符合人口城镇化的一般趋势。

分析数据显示：①2022 年，贵州省人口总量增长 124.75 万人，城镇人口增加 417.47 万人，乡村人口减少 292.72 万人；②2025 年，贵州省人口总量增长 243.73 万人，城镇人口增加 705.73 万人，乡村人口减少 462.00 万人，人口城镇化率达到 58.00%；③2030 年，贵州省人口总量增长 329.11 万人，城镇人口增长 986.77 万人，乡村人口减少 657.66 万人。2030 年，贵州省城镇人口在 2015 年基础上，将增长近千万人口的规模。

表 2-12 2016～2030 年贵州省城乡人口规模和城镇化率预测结果

年份	城镇人口(万人)	乡村人口(万人)	城镇化率(%)	年份	城镇人口(万人)	乡村人口(万人)	城镇化率(%)
2016	1567.01	1993.56	44.01	2018	1730.65	1874.88	48.00
2017	1648.30	1934.18	46.01	2019	1814.78	1814.78	50.00

---

① 例如，贵州省人民政府《关于六盘水市城市总体规划（2014—2030 年）的批复》原则同意《六盘水城市总体规划（2014—2030 年)》确定的市域城镇化水平为：2020 年为 52%，2030 年为 65%。《黔东南州域城镇体系规划（2013-2030 年)》也提出 2030 年的人口城镇化水为平 64.4%。

续表

年份	城镇人口(万人)	乡村人口(万人)	城镇化率(%)	年份	城镇人口(万人)	乡村人口(万人)	城镇化率(%)
2020	1900.21	1754.04	52.00	2026	2245.82	1547.79	59.20
2021	1957.32	1721.85	53.20	2027	2302.74	1509.74	60.40
2022	2014.95	1689.01	54.40	2028	2359.02	1470.56	61.60
2023	2072.85	1655.29	55.60	2029	2414.52	1430.26	62.80
2024	2130.77	1620.58	56.80	2030	2469.51	1389.10	64.00
2025	2188.47	1584.76	58.00	—	—	—	—

（2）经济增长预测

1）预测方法与数据。2001～2015年，由于受国际金融危机及国家经济发展方式转型、经济发展新常态等多种因素的影响，贵州省GDP增长速度波动十分明显，尤其以当年价格计算的增长速度波动大，经济增长的时间序列数据没有较为稳定的规律（图2-21）。因此，选择常规的计量统计方法，很难对贵州省未来经济增长做出科学合理的预测。

基于上述原因，采用由1978年不变价格计算的GDP作为经济增长预测的基础数据。首先，依据地区生产总值指数（1978年=100），计算贵州省2001～2015年1978年不变价格的GDP，剔除价格变化因素影响；其次，依据贵州省经济增长的态势，结合国家经济发展新常态、供给侧结构性改革等趋势，设定2016年贵州省1978年不变价格GDP与上年相比较的增速为10.50%，2020年为9.50%，2025年为8.00%，2030年为7.50%（该增长速度可保证贵州省人均GDP与全国平均水平的差距不再拉大）。在此基础上，采用线性插值法，得到2016～2030年各个年份的贵州省经济增长速度，进一步计算得到相关年份的不变价GDP。

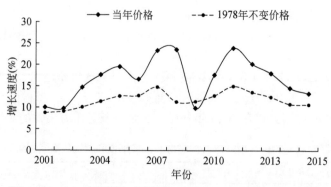

图2-21　2001～2015年贵州省GDP与上一年相比的增长速度

2）预测结果与分析。在上述基础上，以2015年为起始年份，预测2016～2030年贵州省1978年不变价GDP增长规模。

结果显示，2020年不变价GDP为2015年的1.61倍，人均GDP为2015年的1.52倍；2025年不变价GDP为2015年的2.47倍，人均GDP为2015年的2.26倍；2030年不变价

GDP 为 2015 年的 3.61 倍，人均 GDP 为 2015 年的 3.23 倍（表 2-13）。

表 2-13　贵州省 2016～2030 年贵州 GDP 预测结果　　（单位：亿元）

年份	GDP	年份	GDP	年份	GDP
2016	1829.97	2021	2915.11	2026	4423.79
2017	2017.54	2022	3180.38	2027	4782.12
2018	2219.30	2023	3463.43	2028	5159.91
2019	2435.68	2024	3764.75	2029	5557.22
2020	2667.07	2025	4084.76	2030	5974.01

注：表中数据按照 1978 年价格计算

2016～2030 年，大量人口进城和较快的经济增长速度必然导致资源环境与生态压力加大。贵州省作为生态环境本底脆弱、土地资源稀缺的省份，必须未雨绸缪，从自身实际情况出发，走既能保障贵州城市化进程和经济社会持续发展，又能守住生态底线的可持续发展之路。

二、贵州省“大生态”战略

2017 年 4 月 16 日，中国共产党贵州省第十二次代表大会提出，今后五年，贵州省将全力实施“大扶贫、大数据、大生态”三大战略行动，“大生态”成为贵州省的第三大战略行动。贵州省将“大生态”上升为战略行动，是贵州省持续追求绿色发展的又一次重要实践，国土资源相关战略制定必须全面融入“大生态”战略。

1. “大生态”战略核心是绿色发展

贵州省生态环境保持良好，但是十分脆弱，损害后难以修复和恢复，坚持生态优先，推动绿色发展是必然选择。走“大生态”之路，做好“大生态”这块“长板”，是贵州省贯彻落实中央关于生态文明建设与绿色发展新理念一系列战略部署的重大决策。

“大生态”战略要求深入推进生态文明建设，加快形成绿色发展方式，健全生态文明制度体系，加强生态建设环境治理。实施好“大生态”战略行动，能够深入贯彻习近平总书记关于守住发展和生态两条底线的重要指示精神，有效地推动贵州省国家生态文明试验区建设。

国土资源是“大生态”战略实施最为重要的物质要素、核心载体和承载空间。国土资源部门是“大生态”战略实施的核心部门，在实现资源高效利用、保护生态环境、促进绿色发展等方面需要发挥更为突出的作用。

2. 新时代贵州省的绿色现代化

在现代化的道路上，西方发达国家的历史、经验和教训值得研究。然而，如何看待“别人走过的路和走好自己的路”之间的关系，却仍是思想理论界纷争颇大的焦点。

西方现代化模式有种种弊端，如殖民扩张、社会不公等，但环境破坏和对地球资源的极大消耗应该是最大的代价。据研究，全世界按美国方式实现现代化需要 5 个地球，按英国方式需要 3.4 个地球。如果众多发展中国家都想追求这种现代化，这个世界的资源和能源是不可能支撑的。

就我国而言，旧发展观曾认为，"经济增长"是解决环境问题和社会问题的答案，日益增长的生产和消费是现代化的动力和目标，而经济发展又被简单地约化为 GDP 增长。尽管物质增长和经济繁荣是国家强盛的重要基础，但越来越多的情况说明，并非经济增长了，其他方面的建设就一定会同步跟上。越来越多人意识到以"GDP 增长"和以单纯"财富增长"为目标的现代化，是一种"不厚道"的发展。因为它既漠视生态环境，又没有以人为本。

近些年，中央先后提出"科学发展观"、"生态文明"、"美丽中国"和"绿色发展"等理念，很大程度上正体现出我们决心要从根本上转变陈旧的生产、消费模式和社会发展模式。这意味着中国不应该重复发达国家在生态环境上曾经历过的"先污染，后治理，再转移"的教训，而应该从生态文明出发，对中国的经济增长和发展道路进行深刻反思的同时提出更高要求。从当前国家战略调整的需求看，它与西方的现代化和发展主义的最大不同，在于更强调建构一种把环境和民生放在首位的、厚道包容的新发展观。

21 世纪，实现中华民族伟大复兴的"中国梦"，需要推动现代化水平上三个台阶。第一个台阶是全面建成小康社会目标，这就是习近平总书记提出的在建党 100 周年时要实现的目标；第二个台阶是达到世界中等发达国家水平；第三个台阶是达到世界发达国家水平，这就是在建国 100 周年要实现的"中国梦"。党的十九大报告明确提出了全面建成小康社会到基本实现现代化，再到全面建设社会主义现代化强国的战略安排。

如果说现代化是一个过程和目标，那么绿色现代化就是实现现代化的崭新模式。2015 年国务院发布的《关于加快推进生态文明建设的意见》中第一次明确把绿色化纳入我国现代化推进战略中，将其作为现代化建设的重要取向，大幅提高国民经济的绿色化程度成为我国现代化建设的基本要求。党的十八届五中全会明确提出绿色发展理念，"形成人与自然和谐发展现代化建设新格局"。所以说绿色现代化就是"人与自然和谐发展的现代化"。绿色现代化要求现代化的各个方面必须建立在绿色发展、人与自然和谐发展的基础上。实现绿色现代化，必须将绿色发展理念融入经济、社会、政治、文化、人与自然等各个领域中。

贵州省绿色现代化的特性在于，一是从农业社会和工业化初期阶段的社会形态向生态文明社会的跨越，起步低，必须走超常规的绿色现代化道路；二是贵州省拥有良好的绿色生态资源，要在现代化建设中走出一条绿色示范之路，关键是要优化"生态效率"，同时贵州民族、文化特色突出，必须处理好生态、民族、文化三者与绿色现代化的关系；三是生态脆弱的现实与江河上游生态安全屏障定位决定了贵州省的现代化不能再走传统重化工业支撑现代化的道路。贵州省省情决定了其不能走传统的现代化道路，绿色现代化是贵州的必然选择，其突破口在于把"绿色青山"转化为"金山银山"，构建绿色循环低碳产业体系，培育绿色现代化的新型动力。以全面深化改革和创新驱动发展为动力，利用制度设计推动生态资产向绿色资本转化，建立权责明确的自然资源产权体系，勇于在促进自然资产资本化方面先行先试。开展绿色基金试点、碳汇交易试点、流域生态补偿试点，变生态优势为生态经济优势。坚持标准先行，率先设计一套公认的符合贵州特色的绿色现代化指标体系和考核办法，推动发展方式转变，形成可复制可推广的发展模式。

三、贵州省生态文明试验区建设要求

2014 年 6 月 5 日，国家发展和改革委员会、国土资源部、农业部、国家林业局等六部委批复同意《贵州省生态文明先行示范区建设实施方案》。该方案明确，贵州省建设生态文明先行示范区，有利于探索资源能源富集欠发达地区绿色发展新道路。有关部门要求贵州省把健全生态文明建设长效机制作为工作重点，推动生态文明建设与经济、政治、文化、社会建设高度融合，在生态文明建设绩效考核评价、自然资源资产产权管理和用途管制、资源有偿使用制度、生态补偿机制等方面先行先试，深化改革创新，完善体制机制，探索可复制可推广的有效模式，使贵州省成为资源能源富集、生态环境脆弱、经济欠发达地区转型发展和绿色崛起的先进典范。

2016 年 8 月，国家发布《关于设立统一规范的国家生态文明试验区的意见》，将贵州省列入首批国家生态文明试验区（首批还包括福建省和江西省），标志着贵州省生态文明建设站在了新的历史起点。2017 年 6 月 26 日，中央全面深化改革领导小组第三十六次会议审议通过了《国家生态文明试验区（贵州）实施方案》（简称《方案》），要求贵州省在继续建设国家生态文明试验区时，注意总结借鉴有关经验做法，做实做细实施方案，聚焦重点难点问题，在体制机制创新上下功夫，为完善生态文明制度体系探索路径、积累经验。

贵州省委十一届七次全会，对全省建设国家生态文明试验区、推动绿色发展作出重大部署，提出大力发展绿色经济、打造绿色家园、完善绿色制度、筑牢绿色屏障、培育绿色文化和促进大生态与大扶贫、大数据、大旅游、大健康、大开放融合发展的目标任务，确立了建设生态文明试验区的总体思路、实施路径。

1. 贵州省生态文明试验区建设的总体要求

《方案》指出，紧紧围绕统筹推进"五位一体"总体布局和协调推进"四个全面"战略布局，牢固树立和贯彻落实新发展理念，认真落实党中央、国务院决策部署以建设"多彩贵州公园省"为总体目标，以完善绿色制度、筑牢绿色屏障、发展绿色经济、建造绿色家园、培育绿色文化为基本路径，以促进大生态与大扶贫、大数据、大旅游、大开放融合发展为重要支撑，大力构建产权清晰、多元参与、激励约束并重、系统完整的生态文明制度体系，加快形成绿色生态廊道和绿色产业体系，实现百姓富与生态美有机统一，为其他地区生态文明建设提供可借鉴可推广的经验，为建设美丽中国、迈向生态文明新时代作出应有贡献。

《方案》明确了贵州省生态文明建设战略定位，即长江珠江上游绿色屏障建设示范区、西部地区绿色发展示范区、生态脱贫攻坚示范区、生态文明法治建设示范区和生态文明国际交流合作示范区。其中，西部地区绿色发展示范区建设要求建立矿产资源绿色化开发机制；生态脱贫攻坚示范区建设要求深化资源变资产、资金变股金、农民变股东"三变"改革，这些都要求加快国土资源体制机制创新。

《方案》提出了生态文明试验区建设的总体目标，即在国土空间开发保护、自然资源资产产权体系、自然资源资产管理体制、生态环境治理和监督、生态文明法治建设、生态文明绩效评价考核和责任追究等领域形成一批可在全国复制推广的重大制度成果，在生态脱贫攻坚、生态文明大数据、生态旅游、生态文明国际交流合作等领域创造出一批典型经验，在推进生态文明领域治理体系和治理能力现代化方面走在全国前列，为全国生态文明建设提供有效制度供给。在具体目标中提出，生产空间集约高效，推动生产空间开发从外延扩张转向优化结构，从严控制新增建设用地总量，提高国土单位面积投资强度和产出效率；生活空间宜居适度，引导人口向城镇集中，优化城镇布局，划定城市开发边界；生态空间山清水秀，逐步扩大绿色自然生态空间，增强生态产品供给能力，河流、湖泊、湿地面积逐步增加。实现上述目标，要求国土资源部门加快推进国土资源制度创新、体制机制创新和管理方式创新。

2. 贵州省生态文明试验区建设的重点任务

《方案》从绿色屏障建设、绿色发展、生态脱贫、生态文明大数据建设和生态旅游发展制度创新试验，以及生态文明法制建设创新试验、生态文明对外交流合作示范试验和绿色绩效评价考核创新试验8个方面，明确了贵州省生态文明试验区建设的重点任务。

开展绿色屏障建设制度创新试验，要求健全空间规划体系和用途管制制度，以主体功能区规划为基础统筹各类空间性规划，推进省级空间性规划多规合一，开展自然资源统一确权登记，建立健全自然资源资产管理体制，健全山林保护制度，完善大气环境保护制度，健全水资源环境保护制度，完善土壤环境保护制度等。开展绿色发展制度创新试验，要求健全矿产资源绿色化开发机制，建立绿色发展引导机制，完善促进绿色发展市场机制，建立健全绿色金融制度。开展生态脱贫制度创新试验，要求健全易地搬迁脱贫攻坚机制，完善生态建设脱贫攻坚机制，完善资产收益脱贫攻坚机制，完善农村环境基础设施建设机制。开展绿色绩效评价考核创新试验，要求建立绿色评价考核制度，加快推进能源、矿产资源、水、大气、森林、草地、湿地等统计监测核算，开展自然资源资产负债表编制和领导干部自然资源资产离任审计，完善环境保护督察制度，完善生态文明建设责任追究制度。这些都是国土资源管理制度和体制机制创新的重要任务和方向。

综上所述，落实联合国《2030年可持续发展议程》和中国行动计划，贵州省在扶贫攻坚、现代能源体系建设和保护自然生态系统等领域面临严峻挑战。应对全球资源环境危机和资源市场波动态势，要求贵州省发挥矿产资源优势，加大资源节约集约利用水平，加强生态环境保护力度，提高资源产业主体抗风险能力。应对全球气候变化和中国庄严承诺，要求贵州省加快能源结构调整和节能减排工作。中国生态文明战略布局、贵州大生态战略和贵州省生态文明试验区建设等一系列重大战略的实施，都要求国土资源管理进行更加积极地调整和适应。国土资源作为生态文明建设的物质基础、能源来源、空间载体和构成要素，支撑各行业，影响深远，在现代化建设中具有全局性、战略性、根本性的地位。践行生态文明，建设美丽中国，国土资源管理工作在服务保障发展、资源节约集约利用、地质环境保护等方面增强环境与经济社会协调、可持续发展保障能力上重任在肩。

第三章　贵州省可持续发展的国土资源基础

土地、矿产（能源）和地质环境是国土资源的重要组成部分和管理要素，分析这些国土资源要素的现状与问题是国土资源可持续发展战略制定的前提。

第一节　贵州省国土资源概况

贵州省位于中国西南部高原山地，全省地貌包括高原、山地、丘陵和盆地四种基本类型，其中92.50%为山地和丘陵，地势西高东低，整体呈现山多地少的特征。山地面积为108 740km²（1087.40 万 hm²），占全省土地总面积的61.70%；丘陵面积为54 197km²（541.97 万 hm²），占全省土地总面积的30.80%；山间平坝区面积为13 230km²（132.30万 hm²），占全省土地总面积的7.50%。

贵州省自然资源富集，能源、矿产、旅游三大资源在我国地位突出。贵州省能源资源以水能和煤炭为主，成品油和天然气对外依存度高，整体呈现富煤缺油少气的特征。矿产资源丰富，省内优势矿种分布相对集中，且规模较大、质量较好。近年来煤层气、页岩气、地热、地质旅游等一批新资源进入勘察和开发阶段，接续资源具备一定潜力。

第二节　土地资源基础

一、土地资源数量与构成

贵州省2015年土地变更调查数据统计显示，全省土地总面积为1760.99 万 hm²，占全国土地总面积的1.83%。贵州省2015年土地利用结构见表3-1。总体而言，贵州省林地面积占第一位，约占土地总面积的1/2；耕地面积次之，约占土地总面积的1/4；建设用地最为紧缺，约占土地总面积的3.87%，已经接近近期全省国土开发强度4.2%的阈值，建设用地紧缺成为制约全省可持续发展的重要资源因素。

表 3-1　贵州省 2015 年土地利用结构

地类		面积（万 hm²）	比例（%）
一级地类	二级地类		
农用地	耕地	453.74	25.77
	园地	16.46	0.93
	林地	893.91	50.76
	牧草地	7.26	0.41
	其他农用地	104.54	5.94
	农用地合计	1475.91	83.81
建设用地	城乡建设用地　城镇用地	15.73	0.89
	农村居民点用地	34.07	1.94
	采矿用地	3.67	0.21
	小计	53.47	3.04
	交通水利用地　交通用地	9.50	0.54
	水利用地	4.13	0.23
	小计	13.63	0.77
	其他建设用地　风景名胜及特殊用地	1.02	0.06
	小计	1.02	0.06
	建设用地合计	68.12	3.87
其他土地	水域	16.10	0.91
	自然保留地	200.86	11.41
	其他土地合计	216.96	12.32
土地总面积		1760.99	100.00

二、土地资源的空间格局

贵州省 2015 年土地利用现状如图 3-1 所示。

1. 农用地空间分布格局

农用地指直接用于农业生产的土地，包括耕地、园地、林地、牧草地和其他农用地。从表 3-2、图 3-2 和附图 5 中可以看出，贵州省各市（州）林地所占比重最大，基本上超过了辖区面积的 50%；其次是耕地面积，贵阳市、安顺市、六盘水市、毕节市等地区耕地面积比重明显高于其他地市（州），是贵州省耕地集中分布地区；其他农用地比重排第 3位，各市（州）比重相对均匀；园地比重排第 4 位，除黔西南州占比较高外，其他市（州）比重均较小；牧草地比重最小，全省占比仅为 0.49%，且集中分布在六盘水市、黔西南州和黔东南州。

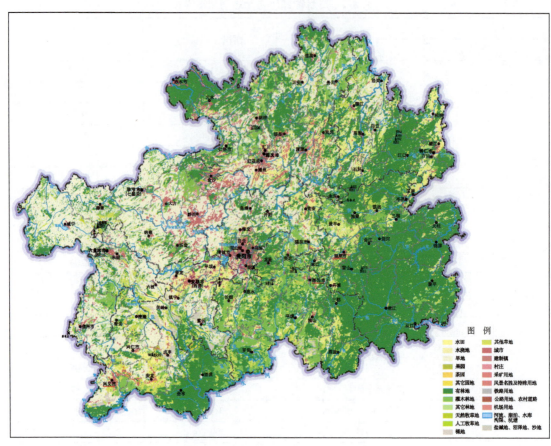

图 3-1　贵州省 2015 年土地利用现状

表 3-2　　**2015 年贵州省农用地情况**　　　　（单位：hm²）

地区	农用地	耕地	园地	林地	牧草地	其他农用地
贵阳市	644 647.07	260 700.76	11 065.86	336 549.02	1 196.84	35 134.59
六盘水市	755 124.91	307 546.21	4 780.30	374 580.65	9 119.69	59 098.06
遵义市	2 724 076.75	842 732.02	26 650.79	1 631 461.32	2 413.57	220 819.05
安顺市	642 868.50	294 680.09	6 979.75	313 304.73	35.89	27 868.04
毕节市	2 374 071.15	991 244.61	6 743.57	1 161 501.27	12 271.66	202 310.04
铜仁市	1 529 989.58	485 019.13	12 666.56	911 515.88	10 583.90	110 204.11
黔西南州	1 251 235.04	446 349.09	40 859.02	696 063.68	10 587.96	57 375.29
黔东南州	2 714 541.35	427 778.79	27 440.76	2 043 154.49	23 634.87	192 532.44
黔南州	2 122 533.61	481 364.78	27 383.52	1 471 019.63	2 734.33	140 031.35
贵州省	14 759 087.96	4 537 415.48	164 570.13	8 939 150.67	72 578.71	1 045 372.97

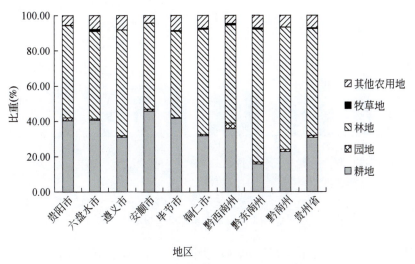

图 3-2　2015 年贵州省各地区农用地结构

2. 建设用地空间分布格局

建设用地指建造建筑物、构筑物的土地，包括商业、工矿、仓储、公用设施、公共建筑、住宅、交通、水利设施、特殊用地等。贵州省 2015 年建设用地为 681 156.67hm^2，占全省总面积的 3.87%，低于全国 4.0% 的建设用地比重。其中，城乡建设用地面积为534 691.76hm^2，占 3.04%；交通用地面积为 94 947.73hm^2，占 0.54%；水利用地面积为41 336.33hm^2，占 0.23%；其他建设用地面积为 10 180.85hm^2，占 0.06%。各市（州）建设用地占比差异明显，最高为贵阳市，达到 10.51%，最低为黔东南州，为 2.52%。建设用地占比由高到低依次为贵阳市、六盘水市、安顺市、黔西南州、遵义市、铜仁市、毕节市、黔南州和黔东南州（图 3-3）。总体上建设用地结构与非农经济及城市发展布局基本一致，建设用地占比排序与其对应的 GDP 排序相关性达到 0.7373，与人均 GDP 相关性更是达到 0.9352，表现出高度相关性。

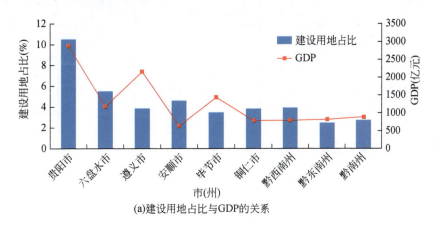

(a)建设用地占比与GDP的关系

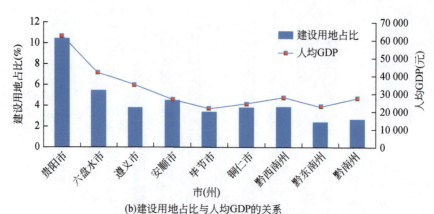

(b)建设用地占比与人均GDP的关系

图3-3　贵州省各市（州）建设用地占比与经济社会发展关系

建设用地二级类中，各市（州）也存在明显差异，空间分异明显。其中，城乡建设用地占比最高，达到78.50%，超过平均水平的有六盘水市、遵义市、铜仁市、毕节市和黔南州5个市（州），其余4个市（州）在平均水平以下；交通水利用地占比第二，占比为20.01%，超过平均水平的有贵阳市、安顺市、黔西南州和黔东南州4个市（州），其余5个市（州）交通水利建设相对较少；其他建设用地比重为1.49%，主要集中在安顺市，占比达到3.97%，其余市（州）比重大致相当，差距不明显（表3-3）。

表3-3　2015年贵州省建设用地面积和内部结构

地区	城乡建设用地		交通水利用地		其他建设用地		合计（hm²）
	面积（hm²）	比重（%）	面积（hm²）	比重（%）	面积（hm²）	比重（%）	
贵阳市	62 968.24	74.46	20 084.42	23.75	1 513.92	1.79	84 566.58
六盘水市	43 941.27	79.91	10 401.27	18.91	647.79	1.18	54 990.33
遵义市	98 837.43	82.58	19 571.93	16.35	1 271.58	1.06	119 680.94
安顺市	30 428.87	70.95	10 754.25	25.08	1 701.83	3.97	42 884.95
毕节市	78 197.25	83.58	14 470.16	15.47	897.3	0.96	93 564.71
铜仁市	56 732.48	80.99	12 604.59	17.99	709.53	1.01	70 046.6
黔西南州	48 709.11	73.13	17 121.99	25.71	777.81	1.17	66 608.91
黔东南州	57 043.04	74.62	18 017.67	23.57	1 379.64	1.80	76 440.35
黔南州	57 834.07	79.91	13 257.78	18.32	1 281.45	1.77	72 373.3
贵州省	534 691.76	78.50	136 284.06	20.01	10 180.85	1.49	681 156.67

3. 其他土地资源空间分布格局

其他土地指农用地和建设用地以外的土地，分为水域和自然保留地类型。2015年贵州省水域面积为160 959.44hm²，占贵州全省总面积的0.91%，自然保留地面积为2 008 654.12hm²，占贵州全省总面积的11.41%。2015年贵州省其他土地数量与结构见表3-4。

表 3-4　2015 年贵州省其他土地数量与结构

地区	其他土地				合计（hm²）
	水域（hm²）	比重（%）	自然保留地（hm²）	比重（%）	
贵阳市	8 098.23	10.78	67 024.72	89.22	75 122.95
六盘水市	6 938.04	3.83	174 395.35	96.17	181 333.39
遵义市	24 158.49	10.37	208 770.96	89.63	232 929.45
安顺市	6 831.95	2.88	230 238.9	97.12	237 070.85
毕节市	20 724.62	9.54	196 490.81	90.46	217 215.43
铜仁市	14 783.3	7.34	186 532.42	92.66	201 315.72
黔西南州	20 894.22	5.76	341 887.73	94.24	362 781.95
黔东南州	33 595.42	14.16	203 656.99	85.84	237 252.41
黔南州	24 935.17	5.87	399 656.24	94.13	424 591.41
贵州省	160 959.44	7.42	2 008 654.12	92.58	2 169 613.56

从水域分布看，主要集中在黔东南州、贵阳、遵义市、毕节市等地区，这些地区水资源相对其他市（州）丰富。从自然保留地分布看，六盘水市、安顺市、铜仁市、黔西南州、黔南州等市（州）自然保留地占其他土地比重均超过 90%，贵州省西部和南部地区是自然保留地集中分布的区域。

第三节　能矿资源基础

一、固体矿产

1. 储量与优势矿种分布

贵州省矿产资源丰富，是我国矿产资源大省。主要优势矿种有锰矿、重晶石矿、磷矿、铝土矿、锑矿、煤炭、金矿等。其中，锰矿和重晶石矿保有资源储量居全国第 1 位，磷矿保有资源储量居全国第 3 位，铝土矿和锑矿保有资源储量居全国第 4 位，煤炭保有资源储量居全国第 5 位，金矿保有资源储量（金属量）居全国第 8 位。

贵州省矿产资源具有以下禀赋特点：

1）沉积矿产量大、质优，煤炭、磷矿、铝土矿、锰矿、重晶石矿等资源储量丰富；

2）地域分布集中，煤炭种类齐全，磷矿品级高；

3）低温热液矿床颇有特色，汞矿伴生金、硒、钼、锑，金矿伴生铊、砷、汞、锑等；

4）共伴生矿产较多，磷矿中的稀土、碘，铝土矿中的镓，煤炭中的煤层气，铅锌中的银、镉等，经济价值高。

各优势矿种储量及分布如下。

（1）锰矿

截至 2016 年底，锰矿保有资源储量为 4.98 亿 t，其中，可采储量为 0.32 亿 t，基础储量为 0.50 亿 t，资源量为 4.48 亿 t；锰矿产地有 58 处。锰矿保有资源储量集中分布在红花岗—播州片区（25.3%）和铜仁–松桃片区（70.55%），地域分布的集中度很高（表3-5）。

表 3-5　锰矿保有资源储量地域分布　（单位：万 t）

地区	片区	可采储量	基础储量	资源量	保有资源储量
铜仁市	铜仁–松桃	1 299	2 322	32 844	35 166
遵义市	红花岗–播州	1 792	2 456	10 157	12 613
其他地区		93	231	1 835	2 066
合计		3 184	5 009	44 836	49 845

（2）铝土矿

截至 2016 年底，铝土矿保有资源储量为 9.55 亿 t，其中，可采储量为 0.93 亿 t，基础储量为 1.48 亿 t，资源量为 8.07 亿 t；铝土矿产地有 128 处。铝土保有资源储量集中分布在清镇—修文片区，占贵州省产地数的 37.90%；其次为播州–开阳北和务（川）–正（安）–道（真）片区，分别占 18.55%、15.32%；就资源储量而言，清镇–修文片区、务（川）–正（安）–道（真）和播州–开阳北三个片区占贵州省的 92.04%，黄平–凯里片区及其他地区仅占 7.96%（表3-6）。

表 3-6　铝土矿保有资源储量地域分布　（单位：亿 t）

片区	可采储量	基础储量	资源量	保有资源储量
清镇–修文	0.66	0.93	4.09	5.02
务（川）–正（安）–道（真）	0.09	0.12	2.78	2.90
播州–开阳北	0.10	0.16	0.71	0.87
黄平–凯里	0.01	0.02	0.11	0.13
其他地区	0.07	0.25	0.38	0.63
合计	0.93	1.48	8.07	9.55

（3）金矿

截至 2016 年底，金矿保有资源储量为 493.54t，其中，可采储量为 67.84t，基础储量为 94.12t，资源量为 399.42t；金矿产地有 92 处。金矿保有资源储量集中分布在黔西南州的贞丰、兴仁、安龙、册享、普安，占贵州省总量的 92.62%，其次为黔东南州，占 4.98%，其余行政区仅占 2.40%，资源集中度高（表3-7），有利于规模化开采。

表3-7　金矿保有资源储量地域分布　　　　（单位：t）

地区	可采储量	基础储量	资源量	保有资源储量
黔西南州	66.19	89.69	367.44	457.13
黔东南州	0.89	3.05	21.51	24.56
六盘水市	0.34	0.48	5.93	6.41
黔南州	0.42	0.90	4.16	5.06
其他地区	0.00	0.00	0.38	0.38
合计	67.84	94.12	399.42	493.54

（4）锑矿

截至2016年底，锑矿保有资源储量为32.30万t，其中，可采储量为1.30万t，基础储量为3.04万t，资源量为29.26万t；锑矿产地有38处。锑矿保有资源储量集中分布在晴隆、独山、雷公山（三都—榕江—雷山）地区，资源集中度高。锑矿保有资源储量地域分布见表3-8。

表3-8　锑矿保有资源储量地域分布　　　　（单位：万t）

地区	可采储量	基础储量	资源量	保有资源储量
独山	0.00	0.23	9.24	9.47
雷公山	0.11	0.15	8.37	8.52
晴隆	0.17	1.34	6.00	7.34
其他地区	1.02	1.32	5.65	6.97
合计	1.30	3.04	29.26	32.30

（5）磷矿

截至2016年底，磷矿保有资源储量为43.71亿t，其中，可采储量为4.45亿t，基础储量为6.65亿t，资源量为37.06亿t；磷矿产地有70处。磷矿保有资源储量集中分布在开阳—息烽、瓮安—福泉及织金片区，占贵州省总量的99%以上，资源集中度非常高（表3-9）。

表3-9　磷矿保有资源储量地域分布　　　　（单位：亿t）

地区	片区	可采储量	基础储量	资源量	资源储量
黔南州	瓮安—福泉	3.46	4.38	10.44	14.82
贵阳市	开阳—息烽	0.99	1.47	12.81	14.28
毕节市	织金		0.80	13.54	14.34
遵义市				0.08	0.08
铜仁市				0.09	0.09
其他地区				0.10	0.10
合计		4.45	6.65	37.06	43.71

（6）煤炭

截至 2016 年底，查明煤炭保有资源储量为 713.32 亿 t，其中，可采储量为 69.40 亿 t，基础储量为 110.80 亿 t，资源量为 602.49 亿 t；煤炭产地有 832 处。贵州省煤炭资源分布不均，相对集中分布于桐梓–遵义–安顺–兴义一线以西地区。

2. 勘查与开发利用现状

全省查明矿产地有 3328 处，其中，能源矿产地有 832 处，占产地总数的 25.00%；金属矿产地有 973 处，占 29.24%；非金属矿产地有 1259 处，占 37.83%，其他矿产地有 264 处，占 7.93%。按储量规模分，大型矿产地有 289 处，占 8.68%；中型矿产地有 453 处，占 13.61%；小型矿产地有 2586 处，占 77.71%。按矿床勘查程度分，勘探有 362 处，占 10.88%；详查有 724 处，占 21.75%；普查有 2242 处，占 67.37%。

截至 2016 年底，全省具有有效勘查许可证 801 个，其中，能源矿产有 183 个，占 23%；黑色金属矿产有 109 个，占 14%；有色金属矿产有 338 个，占 42%；贵金属矿产有 110 个，占 14%；非金属矿产有 61 个，占 8%。

以开发矿产为依托发展起来的矿业，长期以来是贵州省经济社会发展的支柱产业。近年来形成了一批重大矿产资源深加工基地，如开阳–息烽煤电磷一体化产业基地、黔南州瓮安–福泉煤电磷一体化产业基地、务（川）–正（安）–道（真）片区氧化铝生产基地、铜仁煤电锰一体化产业基地等。

3. 资源潜力

贵州省矿产资源在全国具有优势，被誉为中国南方最大的煤炭资源基地，是中国富磷矿的集中分布区、中国铝土矿富集区、中国锰矿最主要的富集区、中国重晶石最主要的富集区、新崛起的黄金资源大省、中国锑资源丰富的省区之一和水泥资源王国。煤、磷、铝土、锰、金等重要优势矿产具有较大潜力，且分布于省内有关成矿区带，找矿前景好，矿产资源潜力巨大。

1）煤、铝土、锰、金、磷、锑、镍、钼、钒、重晶石等优势矿产资源的预测资源量是查明资源量的 2~3 倍，资源勘查（查明）程度低。例如，煤炭预测资源潜力为 1880.94 亿 t，累计查明程度为 21.4%；铝土矿预测资源潜力为 7.14 亿 t，累计查明程度为 45.6%；磷矿预测资源潜力为 35.06 亿 t，累计查明程度为 45.6%；金矿预测资源潜力为 1026.37t，累计查明程度为 24.7%。

2）绝大多数矿种的预测资源潜力以 1000m 以浅为主，而以往矿产勘查深度总体在 500~800m 以浅。因此，相当部分大中型矿山深部和外围仍具有很大的找矿潜力。

3）2000m 以浅的预测资源潜力巨大。近年来在部分金、锰和铝土矿等部分矿区实施的少量超过 1200m 的钻孔中深部均有重大发现，证明贵州省深部具有 1000~1500m 深度的"第二找矿空间"。

4）近年在贵州省罗甸–望谟地区新发现的优质软玉（罗甸玉），质量好（接近或部分超过新疆和田玉）、资源潜力较大，有望成为贵州在全国的又一优势矿种，潜在经济价值大。

二、煤　层　气

1. 资源禀赋与空间分布

综合中国煤田地质总局 1999 年的评价结果、国土资源部 2006 年的新一轮全国油气资源评价结果和 2011 年《贵州省煤层气资源潜力预测与评价》结果，贵州省煤层气地质资源相对丰富，平均地质资源丰度比全国平均水平略高。

贵州省煤层气地质资源量主要集中在六盘水、织纳、黔北三个煤田，三者之和为 2.83 万亿 m^3，占全省煤层气地质资源总量的 92.57%。以六盘水煤田最高，煤层气资源量为 1.39 万亿 m^3，占全省煤层气地质总资源量的 45.47%，平均地质资源丰度为 2.26 亿 m^3/km^2，居全国烟煤无烟煤煤田前列；织纳煤田次之，地质资源量为 7002.80 亿 m^3，占全省煤层气地质总资源量的 22.91%，平均地质资源丰度为 1.41 亿 m^3/km^2，略高于全国平均水平；黔北煤田尽管煤层气资源量较大，达到 7392.15 亿 m^3，占全省煤层气地质总资源量的 24.19%，但平均地质资源丰度明显低于全国平均水平。贵阳、黔西北和兴义三个煤田地质资源量合计为 2271.65 亿 m^3，仅占全省总资源量的 7.43%，煤层气地质资源丰度远低于全国平均水平。

贵州省主要含煤地层形成于晚二叠世龙潭期，含煤地层厚度大，是薄至中厚层煤层群发育的典型地区。煤层气资源在构造演化上具有多期发展、强烈分异、定型较晚的特征，在沉积发展上存在海陆交互、平面分异、垂变频繁等特征，从而造就了鲜明的煤层气地质特点。总体来看，贵州省煤层气地质条件具有"一弱、两多、三高、四大"的特点，即"富水性弱，控气构造类型多和煤层层数多，含气量高、资源丰度高、储层压力及地应力高，资源量大、煤级变化大、煤层渗透性变化大及地质条件垂向变化大"。

2. 勘查与开发利用现状

自 2000 年以来，贵州省煤层气资源地面勘查开发工作步入工程探索和开发试验阶段。"十二五"期间部分地区获得工业化突破，但因矿权原因未获得商业化开采。目前，贵州省煤层气勘查开发仍处于初步阶段，勘查程度较低。截至 2015 年底，全省煤矿瓦斯抽采量总计为 83.24 亿 m^3，利用量为 21.06 亿 m^3，利用率为 25.30%，其中，2015 年全省煤矿瓦斯抽采量为 19.38 亿 m^3，利用量为 5.59 亿 m^3。贵州省煤矿瓦斯井下抽采量和利用率呈逐年增长趋势（图 3-4）。

3. 开发潜力

六盘水煤田煤层气资源具备良好的开发前景和条件，煤层气资源总量为 13 895.26 亿 m^3，占全省地质总资源量的 45.47%，位于全省之首；平均地质资源丰度为 2.26 亿 m/km^2，居全国烟煤-无烟煤煤田前列；可采资源量为 6560.79 亿 m^3，占全省可采资源总量的 45.57%。其中，土城向斜松河矿煤层气资源开发潜力最大，可作为重点突破点，青山-保田区块次之，可纳入重点开发区。根据国家《煤层气（煤矿瓦斯）开发利用"十三五"规划》及贵州省

图 3-4 贵州省煤矿瓦斯井下抽采与利用现状

煤层气开发规划，贵州省规划打造盘县、织纳、黔北三大煤层气开发基地。

三、页 岩 气

1. 调查评价与勘探现状

贵州省页岩气可划分为黔北、黔西北、黔南、黔西南四个片区。通过大量页岩气资源调查井勘探（图3-5），基本完成了贵州省重点地区页岩气地质条件、资源量评价与有利区优选的相关工作，查明了7个潜质页岩发育层系。

图 3-5 贵州页岩气资源勘探情况

2. 资源前景与分布

2011 年全国页岩气资源潜力调查评价及有利区优选结果显示，贵州省页岩气地质资源量为 $10.48×10^{12}m^3$，按省际分布全国排名第 4 位，具有良好的页岩气资源潜力。2013 年贵州省页岩气发育有利区页岩气地质资源量为 $9.22×10^{12}m^3$。2015 年贵州省页岩气地质资源量为 $11.29×10^{12}m^3$，有利区资源量为 $1.9×10^{12}m^3$。

（1）不同区块分布情况

黔南区地质资源储量为 $8241.17×10^8m^3$，占贵州省总量的 9%；黔西南区地质资源储量为 $22\,209.96×10^8m^3$，占全省总量的 24%；黔北区地质资源储量为 $31\,134.16×10^8m^3$，占全省总量的 34%；黔西北区地质资源储量为 $30\,570.15×10^8m$，占全省总量的 33%。

（2）不同层系分布

贵州省页岩气资源主要分布在下寒武统变马冲组、下寒武统牛蹄塘组、下志留统龙马溪组、下石炭统打屋坝组、下二叠统梁山组和上二叠统龙潭组。其中，下寒武统变马冲组页岩气资源量为 $1513.76×10^8m^3$，占全省总量的 2%；下寒武统牛蹄塘组页岩气资源量为 $35\,493.22×10^8m^3$，占全省总量的 39%，可采资源量为 $6388.78×10^8m^3$；下志留统龙马溪组页岩气资源量为 $14\,763.74×10^8m^3$，占全省总量的 16%，可采资源量为 $2657.47×10^8m^3$；下石炭统打屋坝组页岩气资源量为 $14\,429.7×10^8m^3$，占全省总量的 16%，可采资源量为 $2597.35×10^8m^3$；下二叠统梁山组页岩气资源量为 $8689.86×10^8m^3$，占全省总量的 9%，可采资源量为 $1.60×10^8m^3$；上二叠统龙潭组页岩气资源量为 $17\,265.16×10^8m^3$，占全省总量的 19%，可采资源量为 $3107.73×10^8m^3$（注：本段百分比数据因四舍五入，加和未等于 100%）。

四、地　热

1. 资源数量及空间分布

从资源分布特征来讲，贵州地热异常主要分布于兴义-都匀-剑河一线以北、毕节-兴义以东和剑河-石阡-印江以西的广大地区，尤以黔北、黔东北、黔中和黔西南分布广泛。其多属温热水（热储温度为 40~60℃），少数属热水（热储温度为 60~90℃），均属低温地热资源，具有分布广、分布不均、温度低的特点。

据统计，截至 2016 年底，贵州省天然出露温泉和地热井共计 240 眼，其中，天然温泉有 91 眼（表 3-10），地热井有 149 眼（不含干井 18 眼、施工中的 18 眼），泉水流或抽水井口涌水量总计达 7707.62 万 m^3/a。天然温泉水温在 21~56℃，其中，水温 $T<25℃$ 的有 22 眼、$25≤T<40℃$ 的有 49 眼、$40≤T<60℃$ 的有 20 眼；流量 $Q<100m^3/d$ 的有 12 眼、$100≤Q<300m^3/d$ 的有 28 眼、$300≤Q<500m^3/d$ 的有 8 眼、$500≤Q<1000m^3/d$ 的有 18 眼、$Q>1000m^3/d$ 的有 25 眼，总流量达 2868.35 万 m^3/a。温泉水中微量元素及化学成分达到我国现行饮用天然矿泉水标准中界限指标的成分有偏硅酸、锶、溶解性总固体、锂等，达到理疗热矿水水质标准的指标成分有氟、锶、硅、氡、矿化度等。

表 3-10 贵州省天然温泉水温、流量特征统计

项目	水温 T（℃）				流量 Q（m³/d）					
	$21 \leq T<25$	$25 \leq T<40$	$40 \leq T<60$	合计	$Q<100$	$100 \leq Q<300$	$300 \leq Q<500$	$500 \leq Q<1000$	$Q>1000$	合计
数量（眼）	22	49	20	91	12	28	8	18	25	91
占比（%）	24.18	53.85	21.98	100	13.19	30.77	8.79	19.78	27.47	100

地热井有 149 眼（表 3-11），井口水温为 21~63℃，其中，井口水温 $T<34$℃的有 15 眼、$34 \leq T<40$℃的有 19 眼、$40 \leq T<60$℃的有 105 眼、$T \geq 60$℃的有 10 眼；抽水井口涌水量 $Q<100$m³/d 的有 1 眼、$100 \leq Q<300$m³/d 的有 12 眼、$300 \leq Q<500$m³/d 的有 34 眼、$500 \leq Q<1000$m³/d 的有 60 眼、$Q>1000$m³/d 的有 42 眼，抽水井口涌水量总计达 4839.27 万 m³/a。水中微量元素及化学成分达到我国现行饮用天然矿泉水标准中界限指标的成分有偏硅酸、锶、溶解性总固体、锂、锌等；达到理疗热矿水水质标准的指标成分有温度、矿化度、氟、偏硅酸、锶、锂、硫化氢、钡、偏硼酸等。

表 3-11 贵州省地热井特征统计

项目	井口水温 T（℃）					井口涌水量 Q（m³/d）					
	$T<34$	$34 \leq T<40$	$40 \leq T<60$	$T \geq 60$	合计	$Q<100$	$100 \leq Q<300$	$300 \leq Q<500$	$500 \leq Q<1000$	$Q>1000$	合计
数量（眼）	15	19	105	10	149	1	12	34	60	42	149
占比（%）	10.07	12.75	70.47	6.71	100	0.67	8.05	22.82	40.27	28.19	100

2. 利用现状与潜力

贵州省天然温泉和地热井总计 240 眼，天然温泉流量及地热井井口涌水量为 7708 万 m³/a。其中，天然温泉有 91 眼，总流量为 2868 万 m³/a；地热井有 149 眼，井口涌水量为 4839 万 m³/a。

全省 9 个市（州）及贵安新区，辖 88 个县（市、区、特区），共分布有天然温泉和地热井 240 眼，除威宁彝族回族苗族自治县（简称威宁县）、万山区、三穗县、黎平县、施秉县、天柱县、锦屏县、榕江县、晴隆县、惠水县、长顺县、三都水族自治县等县（市、区）外，均不同程度地分布有温泉或地热井。其中，天然温泉主要分布在铜仁市、遵义市、毕节市及六盘水市，共计 62 眼，占全省 91 眼的 68%；地热井主要分布在贵阳市、遵义市、铜仁市、安顺市及毕节市，共计 115 眼，占全省（149 处）的 77%。

目前，全省已开发利用温泉（地热）63 眼，包括天然温泉 20 眼（635.23 万 m³/a）、地热井 43 眼（1386.30 万 m³/a），占现有温泉、地热井总数的 24.4%。从资源利用率来看，天然温泉的利用率为 21.98%，地热井的利用率为 28.86%；从地域分布来看，以铜

仁市、凯里市为主的黔东板块较多，以都匀市、罗甸县、荔波县为主的黔南板块较少；从开发利用规模来看，规模大的、上档次的温泉开发主要集中分布在经济高速发展城区，山区相对较少，如贵阳市、遵义市及铜仁市等。

五、能矿资源总体评价

贵州省是我国矿产资源大省，矿业经济占国土经济的支柱地位，矿产资源潜力较大，未来较长一段时期，矿产资源将是支撑全省国民经济社会可持续发展的重要物质基础，保护好、开发好、利用好优势矿产资源，是贵州省国土资源可持续发展的重要任务。

煤炭资源是贵州优势资源，要通过技术创新、结构调整、产业整合等途径，变资源优势为产业优势。在应对全球气候变化背景下，煤炭资源在全省能源消费中的比重将有所降低，但煤炭消费总量将保持在较高水平上。贵州省煤层气资源相对丰富，其开发将在一定程度上弥补省内天然气资源不足，缓解用气需求压力。不管是从煤矿生产安全角度出发，还是从提高省内燃气自给率或是从调整能源结构角度出发，煤层气资源都应作为未来能源开发的一个重要方向。贵州省页岩气资源丰富，储量排在全国前列。开发页岩气是缓解全省天然气资源需求压力、调整全省能源结构的重要方向之一。但目前页岩气规模化开发利用还存在一系列技术限制，商业化开发还不成熟。应加大研发力度，尽快突破技术难题，争取早日实现产业化。贵州省地热资源丰富，开发利用程度较低，但潜力巨大，是贵州省发展大健康和大旅游产业的重要资源基础。

第四节　地质环境基础

一、岩溶地下水

1. 地下水资源量及其空间分布

根据《贵州省地下水利用与保护规划（2015—2030）》，贵州省地下水年均资源量为259.95 亿 m^3，全省地下径流模数均值为 14.80 万 m^3/km^2，地下水资源量占水资源总量（1062 亿 m^3）的 24.50%。其中，岩溶地区水量为 210.65 亿 m^3，占地下水资源总量的81.00%；非岩溶地区水量为 49.30 亿 m^3，占地下水资源总量的 19.00%；长江流域地下水量为 184.18 亿 m^3，占地下水资源总量的 70.85%，珠江流域水量为 75.77 亿 m^3，占地下水资源总量的 29.15%。

贵州省地下水资源年均可利用量为 95.59 亿 m^3，其中，长江流域地下水可利用量为66.43 亿 m^3；珠江流域地下水可利用量为 29.16 亿 m^3。贵州省分区地下水资源量、地下水可利用量见表3-12。

表 3-12　贵州省分区地下水资源量、地下水可利用量

水资源分区			地区	面积（km²）	年均资源量（万 m³）	年均可利用量（万 m³）
一级	二级	三级				
长江	金沙江	石鼓以下干流	毕节市	4 888.00	83 009.54	31 948.82
	宜宾至宜昌	赤水河	毕节市	3 022.90	38 700.33	11 610.10
			遵义市	8 389.10	107 400.49	36 331.77
		宜宾至宜昌干流	遵义市	2 390.00	25 535.05	8 937.25
	乌江	思南以上	毕节市	17 698.90	286 627.21	110 010.31
			六盘水市	2 184.30	35 373.94	14 616.22
			安顺市	2 794.40	45 254.29	16 808.01
			遵义市	9 777.20	158 338.18	58 092.86
			贵阳市	7 565.00	122 512.41	45 185.46
			黔南州	4 922.10	79 711.61	28 305.63
			黔东南州	535.50	8 672.23	3 112.63
		思南以下	铜仁市	5 115.00	82 835.55	27 509.97
			遵义市	10 206.00	130 666.82	44 268.33
	洞庭湖水系	沅江浦市镇以上	铜仁市	6 009.00	76 932.87	25 819.95
			黔南州	2 664.80	49 019.62	20 788.64
			黔东南州	20 706.50	380 900.88	132 722.98
		沅江浦市镇以下	铜仁市	5 342.70	98 280.21	37 065.21
			铜仁市	1 536.00	32 011.70	11 204.11
	小计			115 747.40	1 841 782.93	664 338.25
珠江	南北盘江	南盘江	黔西南州	6 448.20	91 687.93	34 986.00
			六盘水市	1 202.80	17 102.80	5 985.96
		北盘江	毕节市	1 243.20	16 967.16	6 786.86
			六盘水市	6 526.80	89 077.57	33 481.94
			安顺市	4 451.80	60 758.03	21 820.78
			黔西南州	8 760.50	119 563.04	44 202.30
	红柳江	红水河	安顺市	2 021.00	24 195.89	9 678.35
			黔南州	11 892.40	142 378.61	60 066.93
			贵阳市	468.90	5 613.78	2 245.51
			黔西南州	1 595.70	19 104.10	6 686.43
		柳江	黔南州	6 713.90	72 723.50	25 582.79
			黔东南州	9 095.10	98 516.13	40 109.99
	小计			60 420.30	757 688.54	291 633.84
全省合计				176 167.70	2 599 471.47	955 972.09

根据中国地质调查局地调工作项目"西南地区岩溶地下水污染调查评价（2011—2015）"的调查评价结果，贵州全省地下水水质总体情况较好，在参评的 921 个地下水测试点中，Ⅰ~Ⅲ类水点有 776 处，占总水点数的 84.25%，Ⅳ~Ⅴ类水点有 145 处，占总水点数的 15.75%；Ⅳ~Ⅴ类水质水点分布在 112 个地下水系统中，其中，地下河系统有 44 个，泉系统有 13 个，集中排泄系统有 50 个，分散排泄系统有 5 个；省内 128 处乡镇级别以上的地下水供水水源地中，Ⅳ类水和Ⅴ类水有 21 处，以"地下水质量标准"（GB/T 14848—2017）Ⅲ类为依据，水质超标率为 16.40%。

2. 地下水开发利用现状

贵州省地下水资源开发利用，以岩溶水为主，基岩裂隙水次之，第四系松散层孔隙水无大的开发利用价值。地下水的开采量大部分为岩溶水的天然露头（地下河岩溶大泉）。深井开采浅层潜水及承压水多集中在城市、工业区、农业开发区。

根据《贵州省岩溶区地下水与地质环境》，全省地下水开发总量为 15.085 亿 m^3/a（未含水力发电使用量）。反映在供水对象上，城镇生活开采量为 2.934 亿 m^3/a，农村人畜饮水水量为 4.526 亿 m^3/a，农田灌溉开采量为 7.143 亿 m^3/a，城镇工业开采量为 0.882 亿 m^3/a。在开采方式上，机井开采量为 2.461 亿 m^3/a，引泉及地下河开采量为 13.024 亿 m^3/a。统计结果见表 3-13。其中，省内长江流域地下水已开采量为 11.219 亿 m^3/a，占 74.37%，其中，乌江水系区为 8.321 亿 m^3/a，金沙江水系区为 0.152 亿 m^3/a，长江上游干流水系区为 1.161 亿 m^3/a，洞庭湖水系区为 1.594 亿 m^3/a；珠江流域为 3.866 亿 m^3/a，占 25%，其中，红水河水系区 1.097 亿 m^3/a，柳江水系区 0.876 亿 m^3/a。

表 3-13 贵州省分区地下水开采现状统计　　（单位：亿 m^3/a）

水资源分区			开采方式		利用情况				总利用量
一级	二级	三级	机井	天然露头	农村	城镇	农灌	工业	
长江	金沙江	石鼓以下干流		0.152	0.067	0.019	0.059	0.007	0.152
	宜宾至宜昌	赤水河	0.521	0.532	0.525	0.212	0.255	0.061	1.053
		宜宾至宜昌干流	0.017	0.091	0.023	0.027	0.05	0.008	0.108
	乌江	思南以上	1.434	5.463	2.019	1.64	2.907	0.331	6.897
		思南以下	0.096	1.319	0.579	0.197	0.583	0.056	1.415
	洞庭湖水系	沅江浦市镇以上	0.057	0.439	0.136	0.081	0.26	0.019	0.496
		沅江浦市镇以下	0.22	0.878	0.238	0.315	0.456	0.089	1.098
	小计		2.345	8.874	3.587	2.491	4.57	0.571	11.219

续表

水资源分区			开采方式		利用情况				总利用量
一级	二级	三级	机井	天然露头	农村	城镇	农灌	工业	
珠江	南北盘江	南盘江	0.066	0.524	0.128	0.039	0.395	0.028	0.59
		北盘江	0.031	1.272	0.293	0.115	0.828	0.067	1.303
	红柳江	红水河	0.002	1.095	0.192	0.089	0.691	0.125	1.097
		柳江	0.017	0.859	0.176	0.1	0.509	0.091	0.876
	小计		0.116	3.75	0.789	0.343	2.423	0.311	3.866
全省合计			2.461	12.624	4.376	2.834	6.993	0.882	15.085

贵州省岩溶地下水丰富，水资源开发利用与其所处的自然、地质条件和社会经济发展密切相关（表3-14），在贵阳市、遵义市、安顺市、兴义市等省地级城市发展地区，开发利用程度较高，在黔北、黔东北及黔东南地区岩溶地下水开发利用程度则较轻。

表3-14　不同类型岩溶水开发利用状况

序号	岩溶水类型	分布地区	开发利用方式、程度
1	中下三叠统白云岩及石灰岩岩溶水	大面积分布于黔中及黔西南，遍布于各地的向斜构造中	区内人口比较密集，工农业生产比较发达，贵阳市、遵义市、安顺市、兴义市等省地级城市分布在该区，地下水作为这些城市的重要生活饮用水源，其开发利用率达30%～70%（包括市郊）。钻探成井率高，采用机井取水是主要的开发利用方式。同时，泉水开发也是一种重要方式，如贵阳市东郊水厂从汪家大井泉直接取水，日供水量达10万 m^3
2	中上寒武统白云岩岩溶裂隙水	大面积分布于黔北、黔东北及黔东南地区	该类岩溶水目前开发利用程度低，以利用天然水点为主。在凯里市、遵义市等城市及少数坝区有为数不多的机井进行开采
3	上石炭统、下二叠统石灰岩岩溶水	集中连片分布于黔南，在乌江及北盘江上源的黔西北地区亦有较大面积分布	钻探成井率低，加之该岩溶水类型区地形条件差，因而地下水的开发利用程度低，是贵州十分典型的岩溶干旱山区。但在黔中高原分水岭至水城等地的断裂褶皱带，该类岩溶地下水有不同程度的开发，其中特别是水城盆地，其开发利用率高达78%。在独山背斜宽缓分水岭地带，其地下水开发利用率亦较高

3. 岩溶地下水资源开发潜力

水资源开发潜力通常用水资源开发利用潜力指数和开发利用潜力模数表示。

水资源开发利用潜力指数＝允许开采量（或可利用量）/现状开采量；水资源开发利用潜力模数＝允许开采量（或可利用量）/开采区面积。

根据《贵州省岩溶区地下水与地质环境》《贵州省地下水利用与保护规划（2015~2030)》，统计计算得到贵州省不同流域的地下水资源开发潜力，详见表3-15。

表 3-15　贵州省不同流域的地下水资源量开发潜力计算结果

水资源分区			流域面积（km²）	利用总量（亿 m³/a）	年均可利用量(亿 m³/a)	开发潜力评价			
一级	二级	三级				潜力指数	潜力评价	潜力模数	潜力分区
长江	金沙江	石鼓以下干流	4 888	0.15	3.19	21.01	有开采潜力	6.22	潜力中等区
	宜宾至宜昌	赤水河	11 412	1.05	4.79	4.55	有开采潜力	3.27	潜力较小区
		宜宾至宜昌干流	2 390	0.11	0.89	8.28	有开采潜力	3.27	潜力较小区
	乌江	思南以上	50 592.4	6.90	30.36	4.40	有开采潜力	4.64	潜力较小区
	洞庭湖水系	思南以下	16 215	1.42	7.04	4.98	有开采潜力	3.47	潜力较小区
		沅江浦市镇以上	28 714	0.50	19.06	38.46	有开采潜力	6.47	潜力中等区
		沅江浦市镇以下	1 536	1.10	1.12	1.02	采补平衡	0.14	潜力较小区
	小计		115 747.4	11.22	66.45	5.92	有开采潜力	4.77	潜力较小区
珠江	南北盘江	南盘江	7651	0.59	4.10	6.95	有开采潜力	4.59	潜力较小区
		北盘江	20 982.3	1.30	10.63	8.16	有开采潜力	4.45	潜力较小区
	红柳江	红水河	15 978	1.10	7.87	7.17	有开采潜力	4.24	潜力较小区
		柳江	15 809	0.88	6.57	7.50	有开采潜力	3.60	潜力较小区
	小计		60 420.3	3.87	29.17	7.55	有开采潜力	4.19	潜力较小区
全省合计			176 167.7	15.09	95.62	6.34	有开采潜力	4.57	潜力较小区

总体而言，贵州省地下水水资源开发利用潜力指数为 6.34，开发程度较低，开发潜力大。

不同流域分区开发程度差异较大。开发程度较高的为洞庭湖水系的沅江浦市镇以下流域地区，水资源开发利用潜力指数达到 1.02，处于采补平衡状态，其次为赤水河流域、乌江流域，开发利用潜力指数分别为 4.55、4.4。金沙江水系石鼓以下干流流域、洞庭湖水系沅江浦市镇以上流域潜力指数分别为 21.01、38.46，开发程度较低，开发潜力大。

二、地质旅游资源

贵州省地质地貌独特，地域差异明显，类型多样的喀斯特地层分布广泛，占全省面积的 61.9%。特殊的地形和多样的沉积环境，造就了贵州丰富的地质旅游资源。根据省内地质旅游资源的特点、区域分布的相对完整性和连续性及主体地貌类型，全省可划分为 5 个地质旅游景观区，即黔北赤水丹霞地质旅游景观区、黔北-黔东北喀斯特丘丛-峰丛地质旅游景观区、黔中-黔西南喀斯特峰林地质旅游景观区、黔南陆源碎屑岩地质旅游景观区、黔东南变质岩地质旅游景观区。

贵州省世界级地质旅游资源综合体共有 4 个，包括 3 个世界自然遗产和 1 个世界地质公园，分别是中国南方喀斯特荔波世界自然遗产、中国丹霞赤水世界自然遗产、中国南方施秉喀斯特世界自然遗产和贵州织金洞世界地质公园。

三、地质环境与地质灾害问题

贵州省地质环境总体脆弱，地质灾害频发，是全省可持续发展的重要制约因素。贵州位于云贵高原东部，属陆地生态环境系统，主要包括喀斯特和非喀斯特两大地质环境类型区。根据地貌、地表岩性、地质构造、气象、植被、地质灾害易发性、元素地球化学异常分布等特征，以地形地貌、植被、地表岩性作为主要分区要素，可将贵州省地质环境划分为四川盆地边缘地质环境区、高原山地地质环境区、低中山高原地质环境区 3 个分区。贵州省地质环境表现出明显的多样性、独特性和脆弱性特征。

碳酸盐岩广泛发育形成了贵州省独特的喀斯特山区地貌。境内河谷切割，地形坡度大，高陡的斜坡上土体易于被降水冲刷难以稳固留存，造成贵州喀斯特山区水土流失非常严重。岩溶地区水土流失破坏了原本就已经非常脆弱的生态环境。由于贵州为喀斯特地层连片出露区，碳酸盐岩系抗风化能力较强，成土过程缓慢，地表原生残坡积土层较薄，加上山多坡陡的地表结构，十分不利于土壤资源留存。诸多因素综合作用造成水土大量流失，导致贵州西部、西南部基岩大面积裸露，形成大面积喀斯特石漠化区域。贵州省碳酸盐岩出露区的石漠化，主要分布在黔西、黔西南的北盘江和黔西北的乌江上游三岔河及六冲河流域内。

贵州省本就十分脆弱的地质环境，在不合理的人类工程活动作用下进一步恶化，致使省内地质灾害表现出"点多面广、突发性强、灾害损失大"等特点。贵州省地质灾害隐患从区域上讲，主要分布于黔南州（3531 处）、黔东南州（1684 处）、遵义市（1474 处）、黔西南州（1267 处）、铜仁市（1181 处）、六盘水市（967 处）、毕节市（951 处），安顺市（552 处）、贵阳市（538 处）分布数量次之，贵安新区（24 处）和省直管县仁怀市（130 处）、威宁县（299 处）分布数量较少。

从发育条件和机制分析，贵州省地质灾害主要受地层岩性、地形地貌、水文地质、地质构造、降雨、地震和人类工程活动致灾环境因素的影响。其中，滑坡的频数和规模主要受地层岩性、软弱夹层、软弱基座、岩层厚度和岩层倾向控制，分布在高程 500~2000m，坡度大于 25°；崩塌主要有软弱基座型和卸荷型两种，在三叠系地层分布最多，且坡度大于 50°。泥石流主要分布在低中山区，相对高度小于 500m，发育地层有二叠系、三叠系、寒武系等。

从地质灾害在各流域的分布上看，总数最多的是乌江流域，为 4166 处；其次是北盘江流域，为 2102 处。最发育的是北盘江水系，达 10.0 处/100km²；其次是南盘江流域和长江上游支流水系流域，分别是 8.7 处/100km^2 和 8.3 处/100km^2。

贵州省地质灾害以中小型为主，但隐蔽性强、危害性大，诱发成灾的因素和机制主要为：在降水与地形坡度、松散物质厚、有地下水在坡脚出露并受河流的冲刷影响下，易产生滑坡。降水、地面震动、陡峭山崖和软弱基座组合易产生崩塌。强降水、土体松散、汇水区大、人类活动强度大的地区易产生泥石流。采矿、降水、土岩界面水位波动影响下易产生地面塌陷。人类开挖、采矿等活动，在降水等影响因素综合作用下，易产生不稳定斜坡和地裂缝灾害。

综合各类型资源禀赋、开发利用现状和潜力分析表明：贵州省是一个土地稀缺多矿少油缺气的地区，优势和短板都十分突出。金属、非金属矿产和传统能源——煤炭资源基础较好；油气资源自给率低，土地资源尤其是平地资源严重不足，地质环境脆弱，成为制约可持续发展的重要因素。贵州省国土资源可持续发展战略制定必须科学地分析自身资源优劣势，扬长避短，充分发挥优势资源和潜力资源作用，导入科技、人才、资金和管理等外部要素，使国土资源在保发展和保护生态中都发挥更加重要的作用。

第五节　可持续发展相关理论

一、协调发展理论

可持续发展是当今世界认为最能有效地缓解资源开发、生态环境保护与经济增长关系的新的发展模式。可持续发展指既满足当代人的需要又不危及后代人满足其需要的发展，既实现经济发展的目标，又实现人类赖以生存的自然资源与环境的和谐，使子孙后代能够得以永续的发展。

协调发展是可持续发展的核心，区域协调发展系统是以人口、资源、环境与经济四个要素为中心，各种因素相互作用、相互影响和相互制约，并在一个具体的区域上复合而成的一个紧密联系的统一体。区域协调发展以多要素的组合分配为基础，在不断变换和重组的过程中，从整体系统协调出发，加强各单元要素的系统调整，构筑相互依存、相互适应、相互促进、共同进化的系统结构，促使系统协调有序合理地发展。协调发展理论从理论上克服区域经济社会活动的片面性和外部性，指导人们正确处理区域发展中各种构成要素的关系，促进诸要素和谐、合理，使总效益最佳地发展。经济发展应建立在生态可持续能力、社会公正和人民积极参与自身发展决策的基础之上。

可持续发展追求的目标是，既使人类的各种需要得到满足，个人得到充分发展，又要保护资源和生态环境，不对后代人的生存和发展构成威胁。其基本原则包括：①公平性原则。本代人的公平即同代人之间的横向公平性。贫富悬殊、两极分化，不可能实现可持续发展。因此，要保证公平的分配权和公平的发展权，要把消除贫困作为可持续发展进程特别优先的问题来考虑。代际公平，即世代人之间的纵向公平性。本代人不能因为自己的发展而损害后代人的自然资源与环境。②持续性原则。人类的经济建设和社会发展不能超越自然资源与生态环境的承载能力。人类发展对自然资源的耗竭速率应充分顾及资源的临界性，应以不损害支持地球生命的大气、水、土壤、生物、矿产等自然系统为前提。换句话说，人类需要根据持续性原则调整自己的生活方式、确定自己的消耗标准，而不是过度生产和过度消费。③共同性原则。可持续发展作为全球发展的总目标，应该共同遵从公平性原则和持续性原则，必须采取全球共同的联合行动。

每一个国家、地区在可持续发展问题中面临的人口、资源、环境、经济、社会问题侧重点各有不同，各子系统之间的作用方式也千差万别（图3-6）。发展水平较低的国家和区域，经济是发展的根本，处于系统中心，被人口、资源、环境和社会发展等要素支撑［图3-6（a）］；发达国家，五要素的关系可能是以环境为系统中心来影响人口、资源、经济和社会的发展［图3-6（b）］；对像中国这样的人口大国，人口可能是系统中心［图3-6（c）］，由此决定了我国发展必须从人口问题出发，将环境、社会、资源、经济等要素围绕人口问题进行优化配置。

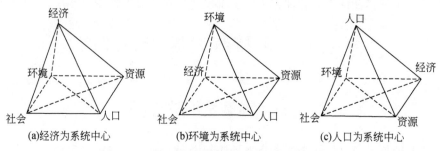

图3-6　区域可持续发展各子系统几种典型模式

二、生态经济理论

生态经济理论运用基于生态学、经济学等原理，以生态系统的"生产者–消费者–分解者"的结构、运行规律及经济运行规律指导人类经济活动。它要求人类经济活动遵循生态学规律，按照生态系统的物质循环、能量流动规律重构经济系统，构建生态系统与经济系统之间通过物质、能力、信息的流动与转化而构成的复合系统——生态经济系统，实现经济系统与生态系统的有机结合。

生态经济理论以生态经济系统、生态经济平衡和生态经济效益为研究内容，以实现生态系统与经济系统的耦合共生发展为基本目标。在保证经济增长的可持续性的同时，强调经济增长应该在生态系统的承载力范围内，在资源不断循环利用的基础上发展经济。有效地控制对自然资源的开采利用、废弃物的排放对生态系统等产生的负面影响，使经济系统和谐地纳入自然生态系统的物质循环过程中，实现经济活动的生态化。因此，生态经济本质上是可持续发展的具体模式。

三、循环经济理论

传统经济发展和资源利用是一种"资源–产品–污染排放"单向物质流动的线性经济，其特征是高开采、低利用、高排放。在这种经济发展过程中，人们高强度地把地球上的物质和能源提取出来，然后又把污染和废物大量地排放到水系、空气和土壤中，对资源的利用是粗放的和一次性的，通过把资源持续不断地变成为废物来实现经济的数量型增长。很明显，这种经济发展和资源利用方式是不可持续的，尤其能矿资源等不可再生资源的也是难以为继的。

循环经济的思想渊源是 20 世纪 60 年代美国经济学家肯尼斯·鲍尔丁提出的"宇宙飞船理论"。该理论认为，地球就像在太空中飞行的宇宙飞船，靠不断地消耗自身有限的资源而生存，如果人类像过去那样不合理地开发资源和破坏环境，超过了地球的承载能力，就会像宇宙飞船那样走向毁灭。因此，要改变传统的经济发展模式，从消耗型向生态型转变，从开环型向闭环型转变。

循环经济是对物质闭环流动型经济的简称，它以可持续发展原则为基础，要求按照生态规律组织整个生产、消费和废物处理过程，将传统的经济增长方式由"资源–产品–废物排放"的单向物质流动模式，转换为"资源–产品–再生资源"的生态型、闭环型的物质流动模式，其本质是一种生态经济。其主要目标是实现资源的节约集约、高效利用和污染物的低排放。其核心思想是提高自然资源利用效率，减少污染物排放量，获得更高质量的经济发展，实现资源的可持续利用。

循环经济以"减量化、再利用、再循环"为原则，即资源消耗的减量化、再利用和资源再生化的"3R"原则，主要体现为：①输入端–减量化（reduce）。通过技术改造、采用先进的生产工艺等手段，用较少的原料和能源投入来达到既定的生产目的或消费目的，进而从经济活动的源头节约资源和减少污染。②过程–再利用（reuse）。通过多次及多种方式反复利用资源，尽量延长产品的使用期，提高资源的利用效率，以减少资源的使用量和污染物的排放量。③输出端–再循环（recycle）。这要求废弃物再次变成资源以减少最终处理量。再循环有两种情况，一种是原级再循环，即废品被循环用来产生同种类型的新产品，如报纸再生报纸、易拉罐再生易拉罐等；另一种是次级再循环，即将废物资源转化成其他产品的原料。

资源短缺问题一直是困扰我国发展的重要限制性因素。传统增长方式高度消耗资源，加剧了资源短缺矛盾，引发了严重的生态环境问题。发展循环经济要求推进节约降耗，提高资源利用效率。全面推行清洁生产，从源头减少污染物的产生。开展资源综合利用，最大限度地利用资源，减少废弃物的最终处置。能矿资源是不可再生资源，而且贵州省还需要经历一个能矿资源大量消耗阶段，推进能矿产业及其相关产业循环经济发展，具有重要的理论和现实意义。

四、人地关系理论

人地关系，指人类活动与地理环境之间相互依赖、相互作用的关系；人地系统是由地理环境和人类活动两个子系统相互联系、相互作用而构成复杂的、开放的、内部具有一定结构和功能的多层次系统，包括人口、社会、经济、资源和生态环境各个子系统及其内部结构。

人地关系理论强调协调人地关系。一方面，地理环境为人类活动提供了物质基础和活动场所，被人类改造和利用，同时又制约着经济社会发展的广度、深度和速度，地理环境稳定是人地关系协调的重要基础；另一方面，人类的生存需求和可持续发展是人地关系的核心问题。因此，实现人地系统的循环再生、协调共生和持续自生，达到经济社会发展与人口、资源、环境的统一，是协调人地关系的根本目标。

人地系统协调发展以经济和社会的持续、快速、发展为主线，以资源的可持续利用和生态环境的改善为基础，重视资源可持续利用、生态环境保护，增加资源可持续供应能力，提高资源的保障程度和利用的综合效益。通过培育可持续发展能力，改变传统发展模式，使经济发展和资源、生态环境之间保持和谐、高效、优化、有序发展。

第四章 贵州省可持续发展的土地资源战略

第一节 土地资源可持续利用研究

土地具有自然属性、经济属性和法律属性，是一个复杂的综合体；既是一切人类活动的物质载体，同时又沉淀社会财富。土地资源的利用过程不仅能体现人类社会发展现状，同时也会对自然环境带来严重的影响。土地资源是人的社会圈与自然环境其他圈层交流互动的一个重要界面，土地资源既可以成为推动经济社会可持续发展的重要要素支撑，也可能因为利用不善而导致人类经济社会的彻底崩塌。如何合理地利用土地资源，是人类社会可持续发展的一个永恒话题。

一、土地资源可持续利用研究现状

土地资源可持续利用是可持续发展的重要组成部分，相关研究历史悠久。国外关于土地资源可持续利用的相关研究，最早可以追溯到19世纪末20世纪初北美欧洲等一些资本主义国家。因为早期工业化发展而导致一系列土地利用问题，学者开始了最早的土地资源可持续利用研究。第二次世界大战之后，世界各国的生产力得到了长足发展，土地开发程度和比例也越来越高，人们开始对土地利用的效率、土地利用的时间、土地利用的空间结构、土地利用的适宜性给予了更多的关注，并开展了一系列实践与研究，集约型的土地利用思路逐渐形成。世界经历了第一次经济的高速发展期后，人地矛盾日趋恶化，土地资源研究与利用开始着眼于土地用途的管制，控制经济发展过度占用人类生存空间，保障人类良好的生活环境，实现土地的可持续发展与利用。计算机技术、3S技术的发展对土地利用结构优化问题产生了深远的影响。土地利用结构优化研究由原来的数字优化发展到能够实时空间精细定点优化，计算机技术使得优化问题中遇到的一些数学算法可以高效实现，大大提高了土地利用优化研究的精确度和工作效率。

我国对土地资源可持续利用的思考历史悠久，早在《禹贡》中就对我国九州的土类及土地等级进行了划分，并由此确定赋的等级。宋代的《农书》、太平天国时期的《天朝田亩制度》等都是我国古代和近代关于土地资源如何有效利用，促进经济社会可持续发展的朴素思考。20世纪40年代，一批学者运用现代科学理论和一些定性的研究方法，首次开展近现代土地资源可持续利用研究。80年代后期，我国的土地利用方面研究日渐丰富，关于如何更合理地配置土地资源逐渐受到重视。20世纪的最后十年出现了很多重要的理论和实例研究，很多理论方法一直被学者参考引用。近年来，随着可持续发展理念的逐渐深入，土地资源如何有效利用，推动经济社会可持续发展成为重要课题，研究成果丰硕。如中国科学院在"十一五"期间就组织出版了《中国可持续发展总纲》，其中专门有《中国土地资源与可持续发展》（第5卷），论述了我国土地资源可持续利用问题；原国土资源部在"十二五"期间也开展了一系列重要研究，出版了《中国土地利用变化与可持续发展研究》，都系统地对全国的土地资源可持续利用，以及如何保障经济社会可持续发展进行了深入思考。

贵州省作为典型山区省份，经济落后，人地矛盾突出。一是相比我国其他地区，贵州国土资源可持续利用相关研究较为薄弱。中国幅员辽阔，自然条件复杂，全国性及其他地方性研究成果，一旦结合贵州省具体实际，就难免缺乏针对性，如万亩大坝保护、山地新型城镇化发展的用地保障等贵州独特的土地资源利用方式都需要进一步开展深入系统研究。二是土地资源可持续利用研究与时俱进，需要不断提高认识。中国已经进入新的发展时代，土地资源利用与经济社会发展紧密结合，需要与时俱进不断更新理念，完善方法，特别是如何将"创新、协调、绿色、开放、共享"与可持续发展理念紧密融合，并在土地利用中融会贯通，都需要结合实际工作具体思考。三是土地资源可持续利用本身蕴含诸多科学问题，需要不断探索。例如，国家自然科学基金委员会就将"土、水资源演变与可持续利用"、"新型城镇化的管理规律与机制"、"基于大数据的趋势预测与决策"和"地学大数据与地球系统知识发现"等与土地资源可持续利用相关课题作为今后国家科学研究的重点领域。

随着经济社会不断发展，贵州省发展将不可避免地面临六项压力：工业化与城镇化不断发展带来的压力；缩小城乡差别、解决贫困带来的压力；不断增长的人口数量与人口老龄化带来的压力；能源与自然环境超常规利用的压力；加速整体生态环境质量提升与保护的压力；不断提升可持续发展建设水平带来的压力。贵州省属于我国经济落后地区，既要提供布局合理的建设用地，又要保护好"绿水青山"，如何平衡发展与保护这对矛盾，如何把握好保障发展的第一要务和保护资源的第一责任，如何走出一条有别于东部、不同于西部其他省份的发展新路，促进贵州省国土资源可持续发展，是考验国土资源管理部门的一项难题，已成为贵州省国土资源管理工作的重中之重。

二、土地资源可持续利用内涵

土地资源可持续利用的思想起源于可持续发展思想，"土地资源可持续利用"具有时空尺度性、系统整体性和开放性、主体多元性和目标多样性等特征，内涵至少应包含以下几个方面：从生态学意义上来说，是保持特定地区的所有土地均处于可用状态，并长期保持其生产力和生态稳定性；从经济-社会学意义上来说，是保持特定地块的特定用途，如食物安全和稳定收入来源。从时间上看，土地资源可持续利用不仅着眼于眼前，更着眼于永久的未来；从空间上看，不是着眼于一部分人，而是着眼于全体人类。也就是说，对土地资源的享用，不仅要求当代人之间的公平，还要求当代人与后代人之间的公平。从系统论看，土地资源可持续利用是在人口、资源、环境和经济协调发展战略下进行的，这就意味着土地资源可持续利用是在保护生态环境的同时，要促进经济增长和社会繁荣，实现统一协调。从与传统土地利用方式的比较看，土地资源可持续利用更加强调土地利用的可持续性、土地利用的协调性和土地利用的公平性。

第二节　贵州省土地资源可持续利用实践

一、系统设计，打造贵州省土地资源可持续利用管理框架

可持续发展是历史阶段、发展方向、自然禀赋、管理水平等多方面综合决定的过程。贵州省正值经济社会快速发展的历史机遇期，土地需求呈现"井喷式"增长形势。贵州省国土资源管理部门，在充分分析了贵州省独特的地形特征和经济社会发展阶段后，形成了"规划先行、计划管控、盘活存量、节约集约、把握时序、开发山地"的土地可持续利用管理系统性框架。一是坚持依法管理土地，认真组织编制实施国土空间规划，并在全省广泛开展土地管理法律法规宣传，强化规划法律认知和法律地位，加强土地用途管控，严格年度计划管理，大力查处和纠正土地违法违规案件；努力争取到国家多方面支持、赢得国家给予建设用地指标最多的好效果，有力地保障基础设施和民生工程建设用地供应。二是科学管理用地指标，积极创新土地利用方式。一方面认真贯彻落实节约集约土地的政策，科学论证建设用地指标计划安排方案，合理制定确保省会城市工业建设用地供应、重点工业园区建设用地供应的计划，对工业园区建设用地规模实行专项规划管控；另一方面在《贵州省土地整治条例》等法规规定下，严格执行耕地占补平衡制度，积极开展土地整治，推进城乡建设用地增减挂钩试点，组织实施工矿废弃地和灾毁土地的复垦；特别是结合贵州地理环境实际，提出"向山要地"、建设"工业梯田"的举措，在全省推广未利用山地的开发，解决山区地方建设用地资源匮乏的根本难题，开发山地用作工业园区的建设用地，既保障了地方工业建设用地需求，也切实保护了可贵的耕地。

二、科技引领，提升土地管理系统化与科学化

信息技术的革命，为土地管理工作提质升级提供了重要历史机遇，让传统落后的纸质化管理逐渐向信息化、系统化、集成化、自动化等方面积极转型。21 世纪以来，贵州省国土资源管理工作紧紧抓住国土资源信息化建设试点契机，推动管理工作过程信息化。目前已经实现省内四级（省厅-市州地局-县局-基层乡镇所）网络体系；在统一的电子政务平台上，开发了覆盖各类业务的电子政务系统，实现了 23 类业务无纸化网上运行；利用高分辨率遥感（remote sensing，RS）影像、数字高程模型（digital elevation model，DEM）、数字线划图（digital line graphic，DLG）、数字栅格图（digital raster graphic，DRG）及其他专题图等资料，建立了覆盖全省的三维地理信息平台，整合了土地利用现状

数据、土地利用规划数据、矿业权实地核查数据等，建成全省土地利用管理"一张图"。部分可以公开的数据还纳入"云上贵州"工程，实现与其他部门数据整合与社会公开。充分运用现代卫星遥感监测手段和数据库技术手段，实现土地利用监测、评估、调查、执法等信息化，极大地提高了贵州省土地利用管理手段现代化、调查及时化、决策科学化，避免了土地资源的无效开发和浪费。2015 年，贵州省国土资源管理部门又在国土资源部《"国土资源云"建设总体框架》的指引下，依托贵州省"大数据"战略，编制了《贵州省国土资源大数据战略行动方案》，为今后国土资源信息化进一步指明方向。

三、规划引导，优化土地开发利用空间格局

规划作为龙头，在土地利用管理是否可持续发展中发挥着决定性作用。"规划失误是最大的浪费，规划折腾是最大的忌讳"，规划编制是否符合发展经济社会实际需求，是否需要根据发展进行调整完善，对于土地利用是否可持续影响显著。贵州省先后经历了 3 轮土地利用总体规划，现行土地利用总体规划为 2009 年经国务院批准实施的《贵州省土地利用总体规划（2006—2020 年)》，分为省、市、县、乡镇四级。该项规划在贯彻落实保护资源和保障发展目标、强化土地宏观调控能力和土地用途管制制度、严格保护耕地特别是基本农田、保障城乡发展合理用地和生态环境用地、促进土地资源节约集约利用和经济社会可持续发展过程中发挥了重要作用。2017 年，为适应国家提出的继续深入实施西部大开发战略、新一轮扶贫开发战略，切实落实贵州省"大扶贫、大数据、大生态"战略和"加速发展、加快转型、推动跨越"主基调，根据相关法律文件，对现行的规划进行了调整完善，以更好地适应经济社会可持续发展需求。同时，贵州省为守好发展和生态两条底线，在省、市、县等不同层面积极编制土地整治规划、城乡建设用地增减挂钩规划、矿产资源总体规划、矿产废弃地开发规划、基本农田保护规划等一系列规划，优化了土地开发利用格局，有效地推动了土地资源可持续利用。

四、节约集约，提质土地资源综合利用水平

节约集约是土地利用与管理的核心内容之一，是人与自然和谐共生的着力点。贵州省将一直致力于不断提高土地资源的综合利用水平。近年来，贵州省切实着力盘活存量建设用地，加大批而未供和闲置土地利用处置力度，提高存量建设用地在土地供应总量中的比重。针对贵州省地形特点，以保护耕地为前提，积极探索，科学规划，向地上地下要空间；合理安排各类用地，向用地结构调整要空间；走内涵挖潜之路，向城镇低效用地要空间；加大土地复垦力度，向工矿废弃土地要空间。从具体工作看，将单位地区生产总值耗地下降纳入地方考核目标，让节约集约用地成为地方政府的主要责任；在全省 88 个县（市、区、特区）认真开展节约集约用地模范县考评，以考评促发展；在贵阳市开展"以地控税，以税节地"的全国性试点工作，提高城市内部土地利用水平；开展矿山废弃地复垦工作，认真落实城乡建设用地增减挂钩，从内涵挖潜着手释放土地价值。

五、多措并举，助力全省"大扶贫"战略实施落地

贵州省是全国贫困人口最多，脱贫任务最重的地区。为确保同步全面建成小康社会，66 个贫困县全部"摘帽"，贵州省将"大扶贫"确定为首要发展战略。土地是农村贫困人口手里最有价值的资源，如何发挥土地的扶贫作用，将土地资源转化为可以发展的资产，贵州省国土资源主管部门进行了诸多开创性探索。在全国开创了"'大扶贫'作战图"系统，实现了贫困人口各类信息的整合和精准定位，通过挂图作战确保贫困人口一个不掉队；将城乡建设用地增减挂钩纳入"大扶贫"战略，在全国率先开启结余指标易地交易平台，实现了"指标进城，资金进村"的城市反哺农村模式，为"大扶贫"中的易地搬迁扶贫工程提供了资金保障；切实发挥"土地整治+"的多功能性，开创性地提出为就地脱贫人口每人整治 1 亩优质农田工程，并通过村民自建模式为贫困人口开拓收入来源；做好全省 20 个极贫困乡镇地质灾害防治工作，实施了"整乡推进、全额补助"极贫困乡镇地质灾害综合治理工程，确保地质灾害整治实现项目选择精准、项目设计精准、施工安排精准、资金使用精准、责任到人精准和治理成效精准的"六个精准"。

第三节　贵州省土地资源可持续利用成果

一、国土资源要素保障和供给质量持续提升

为满足贵州省经济社会后发赶超的目标，在国家新增建设用地总量连续多年减少的情况下，"十二五"以来全省共获国家下达新增建设用地指标 99.3 万亩[①]，持续保持两位数增长。改进建设用地审批方式，实行按旬分批报批，全省获批建设用地 126.13 万亩，供应国有建设用地 135.52 万亩，同比增长 6.27%，用地保障充分。

二、耕地数量质量生态"三位一体"保护力度不断加大

全省划定永久基本农田 5261.69 万亩，实现上图入库、落地到户，超额完成国家规定的保护目标，并纳入国土资源遥感监测"一张图"进行监管。城市周边永久基本农田保护比例由 49.22% 上升到 61.75%，与生态保护红线、城市开发边界共同构成城市生态保护屏障。大力推进土地整治和高标准农田建设，全面实施建设占用耕地耕作层剥离再利用工程，建成高标准农田 957 万亩，改善了农村生产生活条件。"十二五"以来全省建设占用耕地 60.6 万亩，全部落实了数量占补平衡，质量总体稳定。

---

① 1 亩 ≈ 666.67m²。

三、资源节约力度持续加大

实施建设用地总量和强度双控行动，"十二五"以来，全省单位国内生产总值建设用地下降30%，整治各类低效用地16.5万亩。多年来全省农转征项目供地率超过70%，在全国名列前五位。积极开展国土资源节约集约模范评比活动，以评比促发展，不断提升全省各县（市、区、特区）的国土资源节约集约利用水平，黔西县、南明县、福泉市等8个县（市、区）获"全国节约集约模范县（市）"称号。

四、国土资源助力脱贫攻坚精准度和有效性不断提高

2016年，在全国率先出台增减挂钩政策积极支持易地扶贫搬迁的实施意见，建成全国首个增减挂钩节余指标网上流转平台，并于2016年5月12日敲响了增减挂钩节余指标流转"第一槌"。"十二五"以来，66个贫困县新增建设用地8万亩；实施每年为10万就地脱贫人口每人整治1亩优质农田工程、20个极贫乡镇整乡推进土地整治三年行动计划，累计投入资金30亿元，整治优质农田26万亩，促进了土地流转和农业产业发展，惠及22万就地脱贫人口。通过"村民自建"方式，由村集体经济组织或村委会组织施工，用工优先安排贫困人口，获务工收入2.24亿元。实现项目区贫困农民"获得优质耕地增产出、获得劳务收入鼓腰包、获得资源资产变股东"。

第五章 贵州省可持续发展的能矿资源战略

第一节 贵州省能矿资源利用态势及战略选择

能矿资源是贵州省经济社会发展的基础条件。分析能矿资源的开发与利用现状、特征和存在问题，结合能矿资源可持续利用理论、能矿资源开发利用的背景及国家、贵州省的发展战略需求，提出贵州省能矿资源可持续利用的战略思路、途径，具有重要意义。

一、能矿资源开发利用的总体态势

1. 能矿资源的开发与利用

贵州省是我国矿产资源大省之一，也是我国南方能源和重要原材料基地。2016 年，全省已发现矿产 137 种，占全国（172 种）的 79.65%；查明有资源储量的矿产 89 种，占全国（162 种）的 54.94%；列入储量表的有 54 种位居全国总量的前十位，24 种排前三位。

2016 年，在全省发现的 137 个矿种中，已开发利用的有 79 种。其中，能源矿产有 3 种，黑色金属铁和锰矿有 2 种，有色金属矿产有 9 种，贵金属矿产有金 1 种，冶金辅助原料非金属矿产有 6 种，化工原料非金属矿产有 9 种，建材及其他非金属矿产有 49 种。全省有效采矿权计 5170 个。其中，能源矿产计 1600 个，黑色金属矿产计 113 个，贵金属矿产计 45 个（均为金矿），非金属矿产计 3167 个，其他矿产计 245 个。全省共有矿山企业 4503 个。其中，大型矿山有 150 个，占全省矿山总数的 3.3%；中型矿山有 435 个，占全省矿山总数的 9.7%；小型矿山（含小矿）有 3918 个，占全省矿山总数的 87.0%。从矿山规模结构的发展来看，大中型矿山比重需大幅提升。

2007~2015 年，贵州省累计开采矿产 24.10 亿 t（图 5-1）。其中，煤炭累计开采 10.19 亿 t，占同期矿产资源开采总量的 42.28%；水泥用灰岩磷矿累计开采 2.19 亿 t，占同期矿产资源开采总量的 9.09%；磷矿累计开采 1.36 亿 t，占同期矿产资源开采总量的 5.64%。三种矿产资源累计开采，占同期矿产资源开采总量的 57.01%。

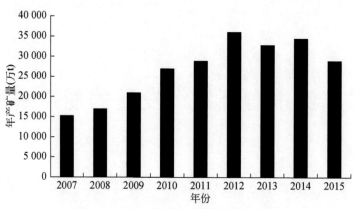

图 5-1　2007～2015 年贵州省的年产矿量

2. 能矿经济的增长及变化

能矿产业是贵州省经济发展的重要支撑产业。2007～2015 年，能矿产业总产值累计 5310.99 亿元，占同期 GDP 累计总量的 9.69%。2011～2013 年的能矿产业总产值增长最快，三年合计总值为 2537.12 亿元，占 2007～2015 年能矿产业总产值的 47.77%（图 5-2）。

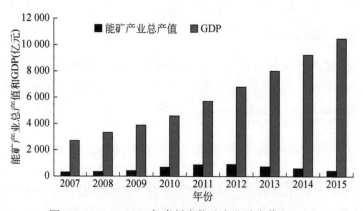

图 5-2　2007～2015 年贵州省能矿产业总产值和 GDP

总体来看，受经济发展新常态、发展方式转型等的影响，能矿产业总产值及占 GDP 的比重呈现下降趋势（图 5-3）。2012 年，能矿产业总产值达到 917.82 亿元的最高值，然后逐年下降，2015 年下降为 429.90 亿元。能矿产业总产值占 GDP 的比重也由 2012 年的 13.49% 下降为 2015 年的 4.09%，2016 年降为 3.93%。这一情况表明能矿资源采掘业的产值比重处于下降趋势。

3. 能矿资源利用存在问题

2015 年，煤炭开采和洗选业、化学原料及化学制品制造业、黑色金属冶炼及压延加工业、非金属矿采选业、非金属矿物制品业、有色金属冶炼及压延加工业 6 个和能矿资源相

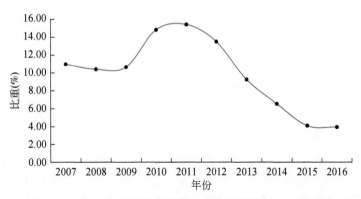

图 5-3　2007～2016 年贵州省能矿产业总产值占 GDP 的比重

关行业（主要是采掘和原材料工业）的增加值，合计占全省工业增加值总额的 33.87%。如果加上电力、热力生产和供应业（包括煤电），合计占全省工业增加值总额的 44.16%（表 5-1）。

表 5-1　2015 年贵州省主要能矿资源相关行业增加值占工业增加值的比重　　（单位：%）

工业大类行业	比重	工业大类行业	比重
煤炭开采和洗选业	19.33	非金属矿物制品业	2.23
电力、热力生产和供应业	10.29	非金属矿采选业	2.38
化学原料及化学制品制造业	4.51	有色金属冶炼及压延加工业	1.15
黑色金属冶炼及压延加工业	4.27	合计	44.16

注：表中仅列出所占工业增加值总额大于 1 的行业

2012～2015 年，煤炭开采和洗选业、黑色金属冶炼及压延加工业、化学原料及化学制品制造业、非金属矿采选业等 8 个和能矿资源相关的行业，占全省工业增加值增长的 34.64%（表 5-2）。

表 5-2　2012～2015 年能矿资源相关行业增加值增长占工业增加值增长的比重　　（单位：%）

工业大类行业	比重	工业大类行业	比重
煤炭开采和洗选业	14.29	非金属矿采选业	3.12
黑色金属冶炼及压延加工业	5.11	有色金属冶炼及压延加工业	1.58
电力、热力生产和供应业	4.65	非金属矿物制品业	1.36
化学原料及化学制品制造业	3.38	有色金属矿采选业	1.15

从能矿资源开发利用相关行业的能源消费来看，有色金属冶炼及压延加工业，非金属矿物制品业，石油加工、炼焦及核燃料加工业，以及黑色金属冶炼及压延加工业等能矿资源开发利用相关的原材料工业的能源利用效率也较低，能源消费量大（表 5-3）。

表5-3　2015年贵州省规模以上工业行业能源利用效率 （单位：tce/万元）

工业大类行业	效率	工业大类行业	效率
有色金属冶炼及压延加工业	20.89	化学原料及化学制品制造业	5.31
非金属矿物制品业	11.45	废弃资源和废旧材料回收加工业	4.22
石油加工、炼焦及核燃料加工业	7.39	电力、热力生产和供应业	1.38
黑色金属冶炼及压延加工业	5.52	—	—

注：仅列出规模以上工业行业万元增加值能耗较大的行业

　　上述情况表明，能矿产业是贵州省传统优势支柱性产业，能矿开采及相关材料工业在工业经济增长中仍将占有举足轻重的地位。但是，贵州省能矿资源利用效率和效益偏低，贵州丰富的能矿资源优势尚未充分转化为发展优势。而且，能矿开采及相关材料工业对资源、能源消耗高，环境污染和生态破坏较为严重。

二、能矿资源开发利用的时代背景

1. 经济发展新常态和供给侧结构性改革

　　我国经济发展进入新常态，传统发展动力不断减弱，粗放型增长方式难以为继。经济结构调整加速，对能源、资源的需求放缓，煤炭、钢铁等市场需求不足，产能结构性过剩，导致行业利润大幅下降、企业资金紧张、经营困难等问题；传统的能矿资源开发利用及其部分相关原材料工业产品产能过剩已成为经济转型升级首要解决的问题之一。以"去产能、去库存、去杠杆、降成本、补短板"为重点任务的供给侧结构性改革，尤其是化解过剩产能，使得能矿产业进入深度调整期，这对能矿产业的发展既是挑战，也是一次难得的历史机遇。

2. 创新驱动发展战略及建设制造强国

　　科技创新是提高社会生产力的战略支撑，创新驱动就是创新成为引领发展的第一动力。《国家创新驱动发展战略纲要》提出要实现发展方式从以规模扩张为主导的粗放式增长向以质量效益为主导的可持续发展转变；发展要素从传统要素主导发展向创新要素主导发展转变；产业分工从价值链中低端向价值链中高端转变；推动产业技术体系创新，创造发展新优势。加快工业化和信息化深度融合，把数字化、网络化、智能化、绿色化作为提升产业竞争力的技术基点，以技术的群体性突破支撑引领新兴产业集群发展，推进产业质量升级。

　　《中国制造2025》提出加快制造业转型升级，全面提高发展质量和核心竞争力。推进信息化与工业化深度融合，推进制造过程智能化，深化互联网在制造领域的应用；强化核心基础零部件（元器件）、先进基础工艺、关键基础材料和产业技术基础（四基）等工业基础能力；全面推行绿色制造，加快制造业绿色改造升级，推进资源高效循环利用。

　　创新驱动发展战略及建设制造强国，将推动能矿资源相关的采掘业及原材料工业、加工工业（制造业）及相关企业的理念、战略、工艺、技术、产品等方面的转型升级，以及传统行业的改造升级、资源的节约高效利用。

3. 生态文明建设对能矿资源利用的要求

在国家生态文明建设、绿色发展理念等背景下，贵州省提出以建设生态文明为核心，推动低碳增长、绿色发展，并部署"大生态战略"。2014 年，《贵州省生态文明先行示范区建设实施方案》，要求贵州省推动生态文明建设与经济、政治、文化、社会建设高度融合，在生态文明建设绩效考核评价、自然资源资产产权管理和用途管制、资源有偿使用制度、生态补偿机制等方面先行先试，深化改革创新，完善体制机制，探索可复制可推广的有效模式。实现产业结构更趋合理，资源利用效率大幅提升，生态系统稳定性增强等目标，使贵州成为资源能源富集、生态环境脆弱地区转型发展和绿色崛起的先进典范。

因此，贵州省需要切实转变能矿资源的利用方式，优化矿山布局与结构，大力发展绿色矿业，全面推进绿色矿山建设。推动能矿资源的全面节约和循环高效利用。推进能源生产和消费革命，壮大清洁能源产业，构建清洁低碳、安全高效的能源体系。实现能矿产业相关的采掘业、原材料工业和装备制造业的绿色发展。

三、能矿资源可持续利用战略选择

基于能矿资源可持续利用理论、开发利用的时代背景，结合贵州省能矿资源的开发与利用现状、存在问题等方面，贵州省能矿资源可持续利用的战略思路和战略途径为：守住发展和生态两条底线，以绿色、集约、高效为导向，将绿色发展理念贯穿于能矿资源勘查、开发利用与保护的全过程。将能矿资源集约性开发、高效利用、矿区生态保护、经济增长有机地结合起来。优化供需结构，转变利用方式，提升利用效率和效益。推进绿色勘查，建设绿色矿山和智慧矿山，发展绿色矿业、智慧矿业、高效矿业。引领和带动传统能矿产业的绿色低碳转型和结构优化升级，走绿色、高效矿业经济可持续发展的道路。

1. 绿色开发战略

以节约资源、保护生态环境为出发点，以能矿资源绿色发展为抓手，推进能矿资源开发、利用过程中的生态保护与建设。提高能矿资源利用率，减少能矿资源相关的采掘业的废弃物排放，实现资源节约型、环境友好型的绿色开发战略。

2. 节约集约战略

随着全省工业化、城镇化的快速推进，对资源的需求集中释放，经济发展面临的资源瓶颈制约日益突出。因此，节约和集约利用能矿资源，是生态文明建设的战略需求，也是提高社会经济发展资源保障能力的现实要求。

3. 转型升级战略

矿业作为提供工业原材料的基础产业，处于产业链的最前端，致使其经济效益偏低，为摆脱当前的困境必须提升产业链，实现上中下游产业链一体化整合，构建探、采、加工一体化的新型能矿产业体系，向精细化、高端化发展。

第二节 能矿资源的绿色开发战略

一、总体战略思路

坚持"生态优先，绿色发展"，统筹能矿资源勘查开发和生态环境保护，推进绿色勘查、建设绿色矿山；从制度建设、标准制定、技术创新、装备提升等方面，不断强化能矿资源勘查开发过程中的生态环境保护，降低勘查开发活动对生态环境的扰动，实现能矿资源勘查开发的绿色化；严格控制在全省主体功能区划中限制开发区域和禁止开发区域的能矿资源勘查开发活动。在生态环境承载能力较弱、生态功能重要的能矿资源富集区，应充分考虑生态环境承载力，在生态环境保护优先的前提下，提高能矿资源开发的准入条件，最大限度地减少能矿资源勘查开发对环境的破坏，同步修复生态环境，促进资源勘查、开发与环境协调的发展。

二、推进绿色勘查

绿色勘查就是践行"绿色发展"理念，运用绿色环保的勘查手段，实现绿色环保的勘查目标。地质勘查是矿业的基础和上游产业，绿色勘查是绿色矿业的重要组成部分，推进能矿资源绿色勘查，直接影响着整个行业的绿色发展，既是国家生态文明建设的战略需要，也是推动矿产资源勘查开发持续发展的有效途径。

2016 年，《绿色勘查行动宣言》提出：绿色发展关系人民福祉、民族未来。以探索自然规律、发现资源宝藏为己任的地勘行业，应当也更有条件，在生态文明建设中走在前列；地勘行业要坚持生态保护优先，努力做先进理念的领跑者；要坚持推行绿色勘查，努力做建设美丽中国的践行者；要坚持依靠创新驱动，努力做保护生态和保障资源的双赢者；要坚持像保护眼睛一样保护生态环境，努力做大自然的呵护者；大力推进绿色勘查，探寻金山银山，留住绿水青山，为实现资源开发利用和生态环境保护协调发展做出更大的贡献。绿色勘查的主要措施包括以下几方面。

1. 牢固树立勘查全过程的绿色发展理念

践行绿色勘查行动宣言，把绿色发展理念全面贯穿于能矿资源勘查的全过程，把绿色勘查的要求体现于能矿资源勘查的项目立项、勘察设计、野外施工和项目验收的全过程、各环节。充分运用经济、行政等手段，制定有利于促进绿色勘查的政策措施，以制度推动绿色勘查。项目实施时，要制定具体的勘查工作环境保护细则，明确责任和义务，增强勘查过程中的环保责任。对能矿资源绿色勘查执行不力、落实不到位项目，责令限期整改，并纳入地勘单位业绩信誉考核。

2. 减少探矿工程过程对生态环境的扰动

以钻代槽，减少槽探对植被的破坏。利用定向钻进技术，实现一基多孔、一孔多支、一孔多用，减少机台数量与搬迁。采用模块化、轻便钻探设备及机具，便于人工搬迁和减少基台面积；改变物资搬运方式，减少道路修建。车辆等通行时，选择生态环境影响轻微的路线，车辆沿固定路线行驶，严禁随意碾压草场。

3. 减少施工过程"三废"对环境的影响

在钻探施工过程中，采用环保泥浆，减轻泥浆原材料对环境的潜在污染和毒性危害及影响；对钻探施工废弃泥浆进行无害化处理。禁止钻探过程中的废弃泥浆、地面设备及工具的冲洗水、打水泥塞作业产生的废水等废泥浆直接排放；减少空气钻进粉尘的影响。从粉尘产生的源头进行控制，做好钻探设备连接的密封，增设孔口除尘装置，避免扬尘等；勘查期间产生的污水、废水严禁未处理直接排入地表水体。河流水系两岸不得堆放易被雨水冲刷淋溶的物体。不得将垃圾及有毒有害物质倒入河水，污染水源水质。

4. 加强施工后的生态恢复及环境治理

在钻探、坑探、井探、槽探等作业结束后，应采取回填、平整场地、恢复植被等措施。施工完成后，进行含油废物污染和受油污染土壤的综合治理。生活驻地撤离时，做好垃圾清理工作，恢复植被和环境原状。

5. 以技术标准促进和示范引领绿色勘查

升级勘查手段，积极采用新技术、新方法、新工艺。支持和鼓励企业，制定能矿资源绿色勘查技术标准；示范引领，设立绿色勘查示范项目，增加绿色勘查示范专项经费的安排，开展绿色勘查示范创建工程。

三、建设绿色矿山

"绿色矿山"指矿产资源开发全过程，既要严格实施科学有序的开采，又要对矿区及周边环境的扰动控制在环境可控制的范围内。

2010 年，《国土资源部关于贯彻落实全国矿产资源规划发展绿色矿业建设绿色矿山工作的指导意见》提出：发展绿色矿业、建设绿色矿山，以资源合理利用、节能减排、保护生态环境和促进矿地和谐为主要目标，以开采方式科学化、资源利用高效化、企业管理规范化、生产工艺环保化、矿山环境生态化为基本要求，将绿色矿业理念贯穿于矿产资源开发利用全过程，推行循环经济发展模式，实现资源开发的经济效益、生态效益和社会效益协调统一，为转变单纯以消耗资源、破坏生态为代价的开发利用方式提供了现实途径。

2017 年，《关于加快建设绿色矿山的实施意见》提出：紧紧围绕生态文明建设总体要求，通过政府引导、企业主体，标准领跑、政策扶持，创新机制、强化监管，落实责任、激发活力，将绿色发展理念贯穿于矿产资源规划、勘查、开发利用与保护全过程，引领和带动传统矿业转型升级，提升矿业发展质量和效益。

建设绿色矿山，实现贵州省能矿资源开发利用过程中"采矿作业清洁化、生产安全标准化、矿山管理规范化、矿区环境生态化"，是发展绿色矿业、加快转变能矿产业发展方式的现实途径，也是贵州省建设生态文明示范区，推进"大生态战略"的重要组成部分。建设绿色矿山的主要措施包括以下几方面。

1. 加强矿山的生态修复和环境治理

坚持开发与保护并重，按照"谁开发、谁保护，谁破坏、谁恢复，谁使用、谁补偿"的原则，推进矿山绿化工、矿山采沉区、荒废地、矿库溃坝、矿山采场边坡崩塌、排土场泥石流的生态修复、生态重建。加强重要基础设施、库区（包括核心水源区）、生态敏感区周边可视范围内推进矿山生态复绿。重视矿山扬尘、废水治理，减少矿山废弃物排放。建设资源节约型、环境友好型的"绿色矿山"。

推进矿山环境治理与矿区土地复垦工程。全面加强新建、在建和生产矿山的矿山地质环境治理恢复、矿区土地复垦和损毁土地全面复垦工作。加快历史遗留矿山治理、废弃土地复垦。矿山生态环境恢复治理率、露天矿山防尘措施覆盖率、地下矿山粉尘排放合格率达、矿区永久道路路面硬化率达、矿山固体废弃物综合利用率达到、尾矿综合利用率、选矿用水废水循环利用率。

2. 优化矿山和资源开发的空间布局

推进优势矿产资源整合，提高产业集中度，淘汰落后产能，构建以大中型企业为主体的矿业新格局。按照"总量控制、减量置换、集约发展"总体要求，整合重组优势资源、淘汰落后矿山。加快对大量小型矿山和个体小矿进行资源整合，进行统一规划，联片整装开发。加强技术改造，提高矿山发展质量和增加生产规模，变粗放式经营为集约式经营，实现矿山的集约化发展；加强规划管控和引导，依据产业政策、资源禀赋、供需关系及资源环境承载力等进行矿产资源开采规划分区，划定禁止开采区、限制开采区和重点矿区，引导矿产资源合理开发。设置矿业权总数目及年数目，有序投放，严控增量，调整优化矿业开发的空间布局；严格控制地质灾害高易发区、自然保护区、水源保护区、河流的流域生态环境恢复区等生态环境保护功能的限制开采区的煤炭和其他矿产采选类建设项目。

3. 严格矿山开发准入和开采过程管控

强化矿产开发源头管控，依法严格控制采矿活动对生态环境的影响，坚持科学规划，提高矿产开发、采选准入条件。在矿业权新立或延续审批中，严格审查矿山复垦复绿方案，审查矿山地质环境恢复治理备用金、土地复垦保证金及矿产资源补偿费缴纳等情况，不符合要求的不予批准设置或不予延续；全面排查矿山开采情况，重点检查越层越界、超越批准矿种范围、破坏矿产资源开采等问题。对未达到开采项目所在区域准入条件的已有矿产资源开发项目，责令限期整改。到期仍不达标的开发项目，依法有序退出，及时治理恢复矿区环境，复垦损毁土地。

第三节　能矿资源的节约集约战略

能矿资源的节约集约利用，有利于实现资源利用高效化、减量化，提高资源服务经济发展保障年限，也是建设生态文明和生态文明试验区，推进贵州省"大生态"战略和国土资源可持续发展的内在要求。

一、节约集约战略的总体思路

发展能矿产业循环经济，采用能矿资源高效利用技术，提高能矿资源开采回采率、选矿回收率和综合利用率。构建能矿相关的采掘业、原材料工业等产业链各个环节、相关企业（园区）之间的集约利用体系，建设能矿资源的高效综合利用基地。在能矿资源采掘、原材料、加工等领域，全面提升能矿资源的集约利用水平，提高能矿资源利用效率和社会、经济、生态三大效益。

二、集约利用重点任务和策略

1. 推进能矿产业领域的循环经济发展

按照"再勘查、减量化、再利用、资源化"的原则，在矿产资源开发利用的全过程，发展矿业循环经济。从提高开采及利用的技术水平入手，充分利用低品位矿产，综合回收利用共伴生有益组分；提高矿山固体废物综合利用水平，实现矿山固体废物"资源化"。以矿山为主体实施示范工程，推进煤炭、金属矿产资源的综合开发利用，探索矿业循环经济产业链模式。

加快矿山、能矿原材料工业"三废"资源化利用。提高共伴生矿产和尾矿、废石等固体废弃物资源利用率。实现再生、回采、节能、降耗、治污、深用、增效等目标，提高资源的综合利用水平；推进共伴生矿产资源综合利用示范工程，低品位、难选冶矿产资源综合利用示范工程，以及煤矿资源综合开发利用示范工程等"能矿资源综合利用示范工程"。加强共伴生矿产资源选冶综合回收，提高资源利用效率。攻克低品位、难选冶矿产资源的选冶技术难题，提高资源利用水平。

2. 推广和创新能矿资源高效利用技术

这包括能矿资源的高效开采技术、高效选矿技术和综合利用技术等方面。支持企业强化提高资源利用效率的技术创新，大幅降低能耗、物耗和水耗水平。加大先进节能环保技术、工艺和装备的研发力度，加快能矿产业的绿色改造升级；推广煤化工、磷化工、矸石发电和新型节能建材等新进技术的应用，推进煤炭资源的综合利用及矿山尾矿资源化处理；充分调动矿山企业或相关科研单位开展矿产资源节约与综合利用先进适用技术研发的积极性。组织实施传统能矿开发、能矿原材料企业的能效提升、清洁生产、节水治污、循环利用等专项技术改造。

3. 建设能矿资源的高效综合利用基地

建设能矿资源的高效综合利用基地，全面推行能矿产业的循环生产方式，促进能矿相关企业、园区、行业间链接共生、原料互供、资源共享。推进能矿相关的资源再生利用产业规范化、规模化发展，强化技术装备支撑，提高大宗工业能矿相关固体废弃物、废旧金属等的综合利用水平，推进能矿资源的高效循环利用。

4. 构建能矿相关产业的集约利用体系

支持能矿原材料相关企业开发绿色产品，推行生态设计，显著提升产品节能环保低碳水平。建设绿色工厂，实现厂房集约化、原料无害化、生产洁净化、废物资源化、能源低碳化；发展绿色园区，推进工业园区产业耦合，实现近零排放。打造绿色供应链，加快建立以资源节约、环境友好为导向的采购、生产、营销、回收及物流体系，落实生产者责任延伸制度。支持企业实施绿色战略、绿色标准、绿色管理和绿色生产。强化绿色监管，健全节能环保法规、标准体系。

第四节　能矿产业的转型升级战略

推进能矿产业的转型升级，是提升能矿资源利用效率和效益的基本途径，也是贵州省转变经济发展方式和加快经济发展的必然要求。

一、转型升级战略的总体思路

贵州省煤炭开采和洗选业、磷化工、有色金属等传统采掘、原材料工业所占比重较大，对工业经济增长的贡献十分明显，在工业经济增长中仍将占有举足轻重的地位。但是，能矿相关的采掘、原材料工业对资源、能源消耗高，产业链条较短，产品结构层次、附加值偏低，矿产资源优势尚未充分转化为经济优势。

因此，贵州省必须抓住国家绿色发展、供给侧结构性改革和转变发展方式等机遇，以"扩增量、优存量、提质量、延链条、创特色、增效益"为主线，从理念、战略、工艺、技术、产品等方面明确转型升级方向。围绕建设全国重要的能源基地、资源深加工基地的目标，将"煤电磷、煤电铝、煤电钢、煤电化"四个一体化作为推动能矿产业生态化改造、转型升级的重要途径；重点突破能矿产业链延伸、龙头企业培育、质量品牌提升、产业集聚平台建设和产业信息化改造升级五大环节。延伸产业链，升级装备，不断提高能矿产业深加工度、技术含量和附加值，促进能矿产业向价值链高端延伸转变，提升能矿资源开发利用效益。推进传统能矿产业向高端化、高附加值、信息化、绿色化、集群化等方向转变，加快能矿产业的绿色转型及装备升级、工艺升级、技术升级和产品升级，实现贵州能矿产业的转型升级。

二、转型升级重点任务和策略

1. 推进能矿产业相关行业的供给侧结构性改革

推进能矿产业供给侧结构性改革，调整能矿资源开发利用结构。积极淘汰关闭落后矿山，严格环保督察，加快"散小乱污"等落后产能的退出或者综合整治。鼓励金、银等贵金属矿产勘查开发。

我国能源对外依存度逐年升高，能源安全形势严峻。随着社会经济的快速发展及工业化、城镇化的推进，能源消费需求量不断增加。因此，构建能源多元化的供应体系、降低能源对外依存度成为我国面临的核心问题之一。因此，要合理控制煤炭产能，推进煤层气、页岩气等清洁高效的能矿资源的勘查和开发利用。

2. 延长能矿原材料工业的产业链和培育产业群

推进能矿资源开发相关原材料工业的精深加工，延伸产业链和产品链，加快产品升级，提高产品科技含量和附加值，大幅度提高能矿资源利用效率和效益。以"煤电磷、煤电铝、煤电钢、煤电化"四个一体化为主线，对煤炭、冶金、化工、建材等行业向下游终端产品延伸发展。科学建链、适当延链、合理补链，促进产业间的共生耦合。构建精细磷化工产业群、煤化工产业群、新型建材产业群，逐步形成能矿原材料工业的产业链和产业群，提高产业集聚发展和融合发展水平。

3. 推进能矿相关行业园区的循环化改造和转型升级

对能矿资源开发和相关行业园区实施"四化一新"转型提升工程，即循环化（循环工业链）、绿色化（绿色技术、节能减排）、清洁化（清洁生产）、信息化（互联网+工业平台）改造和促进高新技术进步。一是推动工业园区循环化发展。按照"企业集群、产业成链、物质循环、集约发展"的要求，结合"两化"融合，根据物质流和产业关联性，加快补链项目、延链项目、配套项目建设，构建园区循环产业链，推进产业链延伸耦合、能源梯级利用、水资源循环利用、污染集中治理。二是推动工业园区转型升级。配套完善园区功能，提升园区信息化水平、智能化水平。吸纳高技术、高成长的产业入驻，引进关联度高、辐射大、带动强的龙头型、基地型大项目入园，培育低碳循环型的大型能矿产业园区。

4. 推进能矿相关行业企业升级改造和技术创新

加快能矿资源开发和相关行业企业的技术、工艺和装备升级改造。将推进技术创新作为能矿企业转型升级的原动力，加强政产学研用的深度融合，引导和鼓励企业采用国内领先或者国际先进技术和装备进行创新和研发。尤其要重视"煤电磷、煤电铝、煤电钢、煤电化"四个一体化相关企业的技术、工艺和装备升级改造及技术创新，采用新技术、新工艺和新进准备，开发和生产新产品，驱动能矿产业产品逐步向中高端转型，培育壮大矿业经济，增长新动能。

5. 推进能矿资源开发和相关行业企业的智能化转型

抓住国家《中国制造2025》、《国务院关于积极推进"互联网+"行动指导意见》及贵州省"大数据发展战略"等机遇，推进信息化与能矿产业的深度融合，以"互联网+"能矿产业，加快移动互联网、大数据、物联网等与能矿企业的结合，扩大相关企业智能化应用，提高数字化、智能化水平。推进能矿资源开发、相关制造业向智能化转型，建设科技创新型的"智慧能矿"，加快传统能矿产业的转型升级。

加快矿山企业的数字化、智能化、信息化，建设自动化矿山、数字矿山。推进智能矿山信息化、智能化采矿试点，提升矿山企业自动化生产管理水平。加强"互联网+"与能矿资源开发企业的衔接，利用互联网对接生产与市场，发展"互联网+订单矿业"，建设能矿资源交易电商平台，创新能矿资源的交易模式。

以信息化促进企业组织结构和管理模式变革，推动能矿企业运用信息技术改善经营、销售网络，优化生产经营流程，提升经营管理水平。推进信息技术在能矿产品的嵌入应用。鼓励企业运用信息技术发展新产业、新产品，促进技术融合、产品融合、业务融合和产业融合。

6. 加强能矿产业转型升级与创新支撑平台建设

推进能矿企业、科研院所、政府机构的合作，组建"能矿产业转型升级创新中心"；加强"煤电磷、煤电铝、煤电钢、煤电化"领域相关企业间的产业链、技术链合作，联合孵化项目，共建能矿产业转型升级创新基地、能矿产业技术升级服务平台，推动能矿产业关键和共性技术研究，协同研发新技术、新产品。

第六章 贵州省地质环境的可持续利用

第一节 地质环境可持续利用背景要求

一、全球地质环境发展趋势

基于对全球经济社会发展走向的判断，未来全球地质环境的适宜性将随经济社会发展发生改变。而这种演化和改变的持续性和强度，则取决于国际社会坚持可持续发展道路的决心和力度，且会对地质环境产生以下影响。

1. 各经济体地质环境承压强度不同

世界经济发展的不平衡状态势必造成全球地质环境面临的压力分布也强弱有别。发达国家已经完成了工业化，经济发展水平高，对环境和生态系统保护要求严格，通过加大环境治理和保护投入，地质环境将持续改善。发展中国家，特别是正在工业化的国家，区域地质环境面临的压力将继续增大。其为满足经济建设需求，对土地的开发力度将进一步加大，城市扩展挤占农业用地、农业发展挤占生态用地，生态空间将不断萎缩；随着水资源取用量增长，越来越多未经处理的污水直接排入地质环境，水资源紧缺与污染问题将长期并存；矿产资源需求量增加，矿产开发向低品位和深部发展，对环境扰动程度不断加大，将越来越多地损害生态系统的完整性和稳定性。而发达国家人口仅占全球人口的20%，国土面积仅占全球的17%，因此全球地质环境所面临的总体压力将呈现总体增大趋势。

2. 发展中国家经济与环境的矛盾加深

经济全球化过程中的产业化转移，造成发展中国家经济发展与生态环境保护的矛盾日益加深。经济全球化使发达国家将越来越多的劳动密集型、资源密集型和对地质环境破坏严重的产业转移至发展中国家。虽有助于发展中国家加快完成工业化进程，但也必定会增加发展中国家生态和地质环境保护的压力。而已呈现出的资源约束趋紧、环境污染严重、生态系统退化等生态及地质环境问题，将成为越来越多发展中国家实施经济可持续发展的重要瓶颈。

3. 全球性经济问题制约生态地质环境保护

全球性经济问题对生态地质环境保护构成的压力依然存在，局部区域还表现为加剧趋势。全球性经济问题，指世界范围内普遍存在，影响世界经济可持续发展的人口、粮食、能源、水资源、生态环境等问题。20 世纪 70 年代以来，世界各国开始关注这些问题，但由于种种原因，直到今天这些问题不仅仍然存在，而且更趋严重。人口膨胀成为世界经济可持续发展的主要障碍，资源短缺成为制约世界经济发展的重要因素，环境恶化成为阻碍世界经济发展的不利条件。按照现行发展模式发展下去，全球环境将持续恶化，一旦超越临界点，地球系统将发生灾难性的崩溃。为解决传统发展模式所带来的发展与环境两难问题，一些国家主动实行流域综合管理、海岸带综合管理等综合管理政策，并在实践中取得了显著成效，有望成为更多国家解决经济发展与地质环境保护矛盾的重要选项。

4. 新技术革命给地质环境保护带来机遇

正在兴起的新一轮全球经济结构调整和新科技革命，对生态与地质环境保护而言，将是一次全新的历史机遇。随着全球 30 多亿人口进入大规模工业化阶段，能源资源短缺、生态和地质环境恶化及温室气体排放加剧成为人类面临的共同挑战，且都指向世界经济的粗放化发展。这不仅会导致经济增长不可持续，而且人类文明也有由于自身过度发展而遭到毁灭的危险。

进入 21 世纪以来，世界各国把生物科技、新能源、新材料、微电子、空间技术、环保产业等作为科技创新的重点领域，并以经济结构升级推动全球形成新的产业链及消费市场。绿色发展、循环发展和低碳发展正在成为人类科学发展的新内涵，引导着世界发展模式的调整和经济结构的优化升级。因此，发达经济体已把低碳发展和绿色发展确定为培育未来核心竞争力的主要方向，把推进新能源产业发展作为摆脱经济增长困境、实现产业转型的着力点。随着全球资源环境对经济增长的约束不断加剧，新兴经济体也渐渐发觉过去那种依靠高资源消耗、高污染、高排放的增长模式已难以为继，于是将绿色低碳增长和智能增长作为未来新兴产业的发展方向。绿色发展、低碳发展方向也为生态和地质环境可持续发展模式确立提供了基础导向依据。

二、生态文明体制下的地质环境工作

生态文明体制下的经济发展过程中，党中央、国务院高度重视地质环境保护工作，在《中共中央国务院关于加快推进生态文明建设的意见》中提出，要充分认识加快推进生态文明建设的极端重要性和紧迫性，牢固树立尊重自然、顺应自然、保护自然的理念，基本形成"源头预防、过程控制、损害赔偿、责任追究"的生态文明制度体系，要开展矿山地质环境恢复和综合治理。国务院也在"十三五规划纲要"中明确提出，"完善国家地下水监测系统，开展地下水超采区综合治理"，"推进荒漠化、石漠化、水土流失综合治理"，"加强长江流域地质灾害预防和治理"。中共中央办公厅、国务院办公厅印发的《开展领导干部自然资源资产离任审计试点方案》中也把矿山生态环境治理作为一项重要审计领域。

党和国家领导人对保护地质环境在绿色发展中的基础性作用非常重视，在讲话、批示中多次提及。2014 年 3 月 7 日，习近平在参加贵州代表团审议时指出"保护生态环境就是保护生产力，改善生态环境就是发展生产力。2016 年 3 月 10 日，习近平在参加青海代表团审议时强调"生态环境没有替代品，用之不觉，失之难存。"

十八大以来，地质环境居生态环境源头前端地位的重要性得到了各级党政机构的重视，按照中共中央国务院印发《生态文明体制改革总体方案》的要求，加强地质环境及其资源用途管制，大力拓展地质环境工作传统领域，切实走绿色发展之路。

三、贵州省地质环境工作的主要矛盾

在地质环境工作实践中，同样也需集中力量找出主要矛盾，才能找到解决复杂问题的重点，继而突出重点、兼顾一般，抓主要矛盾的同时带动其他工作向前推进。党的十八大首次将生态文明建设作为"五位一体"总体布局的一个重要部分，十八届三中全会、四中全会先后提出"建立系统完整的生态文明制度体系""用严格的法律制度保护生态环境"，将生态文明建设提升到制度层面；十八届五中全会提出"创新、协调、绿色、开放、共享"的新发展理念，生态文明建设的重要性愈加凸显。2014 年 6 月，贵州省成为继福建省之后第二个以省为单位建设的全国生态文明先行示范区；2017 年 10 月，中共中央办公厅 国务院办公厅印发《国家生态文明试验区（贵州）实施方案》，提出建设"多彩贵州公园省"的总体目标和"完善绿色制度、筑牢绿色屏障、发展绿色经济、建造绿色家园、培育绿色文化"的基本路径。贵州全省域生态文明建设战略目标格局已定，新时代中国特色社会主义建设期地质环境领域工作主要矛盾也随之发生变化，地质环境可持续利用要解决的主要矛盾为全面的生态文明建设需求与地质环境承载能力分布差异性大、基础脆弱之间的矛盾。

第二节　贵州省地质环境可持续利用实践

一、地质灾害防治体系基本建成

党的十八大以来，贵州省地质灾害防治工作坚持"生命为天，预防为主，科技先行，专业保障，群测群防，综合治理"方针，取得了显著成效和一系列重要成果。

1. 法规政策体系逐步完善

贵州省地质灾害防治工作起步于 20 世纪 90 年代，通过构建相应的管理政策法规体系，地质灾害防治工作逐步跨上有法可依、有章可循的健康发展轨道。

（1）法规政策及管理政策体系

根据《中华人民共和国矿产资源法》《地质灾害防治条例》等法律法规，结合贵州省实际，贵州省国土资源厅分别在 1997 年 7 月制定发布了《贵州省地质灾害防治管理暂行办法》部门行政法规；2007 年 4 月发布施行了《贵州省地质环境管理条例》地方法规。2006 年以后，又陆续制定下发了《贵州省省级地质灾害治理专项资金管理暂行办法》《贵州省地质灾害责任认定办法》等系列管理政策。

（2）技术工作标准及管理制度体系

针对地质灾害防治技术工作引用标准不统一问题，贵州省国土资源厅按照规范化、标准化管理要求，于 2008 年 4 月发布与地质灾害防治工程技术及管理密切相关的 6 个地方性技术工作标准，对省内地质灾害调查、勘察、设计、施工、监理、验收和地质灾害移民搬迁调查等进行了规范，较好地解决了从业单位引用规范、标准混乱问题。

2015 年 1 月，贵州省对 2006 年制定的《贵州省地质灾害防治部门工作责任制度》作出全面调整，进一步明确了"政府主导、分级负责、全民动员、主动防灾"的综合防治目标，完善了各部门在应急联动中的职责职能，将地质灾害防治责任细化到了 25 个省属行业主管部门。至此，贵州省地质环境保护和地质灾害防治初步形成了以法规、政策为依据，以技术标准为支撑的管理体系（表 6-1）。

表 6-1　国家及省级发布的地质环境类行政法规及政策文件

序号	名称	文号	发布时间	实施时间	分类
1	中华人民共和国矿产资源法	主席令第 36 号	1986.3.19	1986.10.1	法律
2	中华人民共和国矿产资源法实施细则	国务院令第 152 号	1994.3.26	1994.3.26	法规
3	中华人民共和国水土保持法实施条例	国务院令第 120 号	1993.8.1	1993.8.1	法规
4	地质灾害防治条例	国务院令第 394 号	2003.11.24	2004.3.1	法规
5	国家突发地质灾害应急预案		2006.1.13	2006.1.13	
6	国土资源部地质灾害灾情和险情快速处置程序	国土资厅发〔2005〕88 号	2005.7.22	2005.7.22	行业制度
7	贵州省地质灾害防治管理暂行办法	贵州省人民政府令第 33 号	1997.7.24	1997.7.24	地方法规
8	贵州省地质灾害治理工程项目管理办法	黔国土资发〔2006〕111 号	2006.9.7	2006.9.7	部门规章
9	贵州省省级地质灾害治理专项资金管理暂行办法	黔财建字〔2006〕171 号	2006.8.9	2006.8.9	管理政策
10	贵州省地质环境管理条例	省人大审议通过	2006.11.24	2007.3.1	地方法规
11	贵州省地质灾害责任认定办法	黔国土资发〔2007〕33 号	2007.04.04	2007.4.4	部门规章
12	贵州省人民政府办公厅关于印发贵州省地质灾害防治部门工作责任制度的通知	黔府办函〔2015〕12 号	2015.1.30	2015.1.30	省级管理制度
13	贵州省矿山地质灾害和地质环境治理恢复保证金管理办法	黔府办函〔2015〕34 号	2015.3.16	2015.3.16	省级管理制度

（3）地质灾害防治规划体系

针对贵州省防灾减灾体系的薄弱环节和突出问题，应显著增强防御地质灾害的能力，最大限度地避免和减轻地质灾害造成的人员伤亡和财产损失，实现同等致灾强度下因灾伤亡人数明显减少，直接经济损失明显降低的目标。2006 年贵州省编制了全国首个地质灾害防治规划——《贵州省地质灾害防治规划（2006—2015）》《贵州省"十二五"地质灾害防治专项规划》《贵州省"十三五"地质灾害防治规划》三部规划，在省级层面形成了与全面建设小康社会相适应的地质灾害防治规划体系。在此期间，市县两级也同步编制发布了本级地质灾害防治规划，对所有地质灾害隐患点实行全覆盖，对各级政府及主管部门地质灾害防治工作有序开展起到了规范、指导作用。

2. 地质灾害管理机制和制度逐步完备

（1）地质灾害防治工作机制

1）建立地质灾害对口协作机制：为解决好县级国土资源部门地质灾害防治技术力量薄弱问题，省国土资源厅于 2011 年在国内首创了对口协作机制，通过协调地质灾害防治资质单位分别与全省 88 个县（市、区、特区）建立协作关系，从技术上支撑地质灾害防治工作能力的大幅度提升。2017 年，在省国土资源厅主导下，各县（市、区、特区）采用有偿服务方式对技术服务单位予以经济补偿，实现了技术支撑从义务向责任的转变，使对口协作机制成为可持续、常态化的技术工作任务。

按对口协作机制要求，地质灾害防治资质单位负责派出的专业技术人员，汛期内要驻县指导县（区）国土资源局开展排查、巡查、复查工作和健全完善各项防灾措施；各资质单位驻县技术人员要协助政府及主管部门，每年至少开展一次对县乡地质灾害防治管理人员、监测员的技术培训；当出现重大险情、灾情时，则负责协助、指导政府及相关部门开展抢险救灾工作；以及为当地安排部署地质灾害防治工作提出技术建议，开展技术指导等。

2）建立地质灾害应急联动机制：2006 年 1 月，针对贵州省地质灾害多发高发，突发性地质灾害造成的人员及财产损失逐年增加，防灾减灾形势非常严峻的状况，省政府办公厅下发了《关于印发贵州省地质灾害防治部门工作责任制度的通知》，明确规定了省国土资源厅、省经济和信息化委员会、省住房和城乡建设厅、省交通厅、省水利厅、省教育厅、省旅游局、省民政厅、省财政厅、省气象局等 14 个行业主管部门的地质灾害应急救援职责和任务。随后各地、市、州和县级人民政府亦建立了市、县"地质灾害防治工作领导小组"，形成了覆盖全省的应急响应联动机制。2015 年贵州省人民政府重新印发《贵州省地质灾害防治部门工作责任制度》，进一步明确了"政府主导、分级负责、全民动员、主动防灾"的综合防治目标，并将地质灾害防治责任细化到了 25 个省属行业主管部门。

3）成立地质灾害防治指挥部：2017 年 7 月，贵州省人民政府办公厅下发《省人民政府办公厅关于贵州省地质灾害抢险救灾应急指挥部更名并调整成员的通知》（黔府办函〔2017〕119 号）的通知，将贵州省地质灾害抢险救灾指挥部更名为贵州省地质灾害防治指挥部，并调整充实了指挥部成员。贵州省地质灾害防治指挥部的成立是贯彻落实《中共

中央 国务院关于推进防灾减灾救灾体制机制改革的意见》的重大举措，体现了"综合防治，以防为主"的理念，更有利于落实地质灾害防治部门责任制。各市县亦结合当地实际先后成立了"指挥部"，形成了全省地质灾害防治工作实行"政府主导、分级负责、全民动员、主动防灾"的新格局。

（2）地质灾害防治工作制度

1）地质灾害汛期三查制度：为及时、全面、准确地掌握地质灾害隐患点动态变化情况和地质灾害防治措施落实情况，省国土资源厅建立并严格执行地质灾害汛期"三查"制度。每年汛期到来至结束期间，由市县行政领导率相关部门对本辖区地质灾害（隐患）组织巡查、排查，对防灾措施落实情况进行检查、督查。

2）厅领导包片、处级干部包县制度：2015 年 6 月，贵州省国土资源厅下发《关于2015 年领导干部包片督促地质灾害防治工作的通知》（黔国资办发电〔2015〕47 号），决定由省国土资源厅处级以上干部，市、县国土资源局和对口协作单位技术人员共同组成地质灾害防治工作组。其中，市（州）工作组由一名厅领导负责，县工作组由一名处级干部负责。工作组实行厅领导和处级干部分片包保责任区地质灾害防治工作的方式，按"一要做到层层覆盖，全面落实责任；二要实行三同时，做到经常化，常态化；三要抓实抓细，确保工作到位"的要求履行职责。

3）地质灾害汛期值班制度：目前，贵州省已形成并长期坚持着汛期地质灾害防治 24小时值班制度，由带班领导、专家、技术人员、驾驶员共同值守，主汛期期间则实行双人双岗。值班期间，责任单位人员按值班表排班到岗，以确保人员到位，信息畅通，救援及时。

4）地质灾害灾情速报制度：地质灾害灾情速报制度在贵州省一直得到严格执行，并建立了具体由地质灾害值班领导和技术人员负责的工作制度。做到值班人员接到重大灾情报告时，能按要求迅速详细地了解灾情，做好书面记录，并在 30 分钟内向分管领导或主要领导报告，同时将领导的指示和要求及时传达反馈给有关责任单位。

5）地质灾害应急演练制度和监测员补贴制度：贵州按省、市、县三级，订立了覆盖全省的地质灾害应急演练制度，演练重点为地质灾害监测预警–地质灾害信息报送–地质灾害启动应急响应–地质灾害先期处置–地质灾害远程会商与应急救援–地质灾害终止响应等环节。贵州地质灾害监测预警主要依托群测群防监测网络，现有一线监测人员 12 000 多名，为保持监测人员稳定，省国土资源厅从 2016 年起，每年拿出上千万元解决监测员报酬低或没有报酬的问题，按汛期每人每月 600 元，非汛期每人每月 300 元给予补助。同时制定并实施了"对一线监测员进行培训，对成绩优秀、做出贡献的一线监测员给予重奖"的系列政策。

3. 地质灾害综合防治体系建设

（1）完成地质灾害区域调查评价工作

贵州省大部为地质环境高度脆弱区，在不合理的人类工程活动影响下，地质灾害表现出"点多面广、突发性强、灾害损失大"等特点。省国土资源厅以查明隐患、摸清家底为主线，先后组织实施了覆盖全省的地质灾害区划、地质灾害详查等工作，打牢了综合防治体系建设的技术基础，发挥了地质灾害防治工作全面展开的先导性作用。

1）全省地质灾害详细调查与区划：2002年，贵州省启动"县（市）地质灾害调查与区划"工作，第一次系统地调查了全省地质灾害的数量、规模、分布等基本情况，对地质灾害防治工作决策及安排部署起到了强有力的支撑作用。然而由于时间紧、任务重和技术水平有限、人员队伍不足、调查精度有限，在极端气候频繁发生和人类工程活动日趋剧烈的背景下，该调查成果逐渐不能满足地质灾害防治的要求。

2）全省重点地区和重大地质灾害隐患详细调查：2010年，省国土资源厅率先各省启动"贵州省重点地区和重大地质灾害隐患详细调查"项目。2013年，以县为单元的详细调查评价工作全面完成，并建成了全省地质灾害数据库，市、县国土资源主管部门自此掌握了开展地质灾害防治工作的基础依据。通过重点地区和重大地质灾害隐患详细调查工作，进一步查清了全省地质灾害现状，为科学安排、重点部署地质灾害防治工作打下了良好的基础。

3）重大地质灾害勘查：2015年，省政府下达由省国土资源厅编制的《贵州省地质灾害三年综合治理行动计划（2015—2017年)》，专项安排了对高风险地质灾害隐患点的勘查任务。其中思南县兴隆乡牛栏溪滑坡、大方县对江镇高店小学不稳定斜坡等20个勘查项目，交由贵州省地质环境监测院承担。经相关资质单位通力合作，该院全面完成预定任务，并对各个地质灾害隐患的规模、稳定性、危害程度等进行了评价，为防治工程设计提供了科学依据。

（2）地质灾害监测预警系统投入运行

一是在全省重点地区重大地质灾害隐患详细调查的基础上，建立了地质灾害监测预警与决策支持平台，形成了以地质灾害监测数据实时信息采集系统为基础、地质分析和预测预报为核心、无线远程通信传输系统为保障，产学研用管等单位共同参与的省级地质灾害监测预警与决策系统；二是于2012年底，搭建起了以20个自动化监测站（点）为支点，以监测预警预报模型的和变形体失稳判据等研究成果为支撑，依托现代技术的地质灾害专业监测预警网雏形，首次实现了地质灾害远程自动化监测和实时预警预报，为监测预警向专业化、自动化转变提供了宝贵的经验；三是深化了地质灾害气象风险预警，由原来地质灾害五级气象等级预报预警调整为四级气象风险预警，从而提高了监测、预警、防灾、救灾等工作安排的针对性。

（3）采取综合措施治理地质灾害

一是筹措经费约15.5亿元，实际投入近20亿元地质灾害治理专项资金，安排95项大型地质灾害隐患点治理和搬迁（避让）工程；二是督促矿山企业申请使用矿山地质环境治理恢复保证金16亿余元，对744处矿山地质灾害隐患进行搬迁治理；三是完成238所受地质灾害威胁学校的治理，分别采取治理或搬迁措施，全面消除威胁学校安全的地质灾害隐患；四是实施68处城市及周边地质灾害隐患综合治理，最大限度地避免了城市及周边地质灾害造成的人员伤亡和财产损失；五是完成247处因自然因素引发的农村重大地质灾害治理项目，以及494处、7.95万农村居民的地质灾害避险搬迁工作；六是完成了 161 处重点旅游景区（含国家级地质公园）地质灾害隐患综合治理工程，消除了地质灾害对重点旅游景区的威胁；七是完成威宁-赫章地震带 39 处危急地质灾害隐患综合治理工作；八是开展全省在建、生产、闭坑等 9315 处矿山地质灾害和地质环境调查，完成 1：20 万环境地质测量 26 551km²，1：1 万环境地质、地质灾害测量 1769km²，编制了《全省矿山地质灾害和地质环境治理规划（2016—2020）》；九是完成镇远县城、开阳县金钟镇、德江县青龙镇等 50 个重点地区重大地质灾害隐患勘查，并逐点制定落实了监测防治措施。

（4）地质应急响应体系建设

一是全省建立了 1 个省级、8 个市（州）级地质灾害应急中心，地质灾害高易发区 52 个县（市区）均建立了相应的地质灾害应急处置机构，形成了省、市、县地质灾害应急处置机构协同联动的管理格局；二是建立县级地质灾害对口协作机制，组织地质灾害防治工程资质单位与对口协作县（市、区）签订协议，有效地解决了县级地质灾害专业技术支撑问题；三是购置了无人机等先进的设备，为提升地质灾害防治工作能力和水平创造了条件；四是全面完成地质灾害应急处置工作，仅"十二五"期间就达 926 次。

4. 专业技术支撑更加有力

贵州省地质环境监测院（贵州省环境地质研究所、贵州省地质灾害应急技术指导中心）是省国土资源厅和贵州省地矿局共管的正县级事业单位，是保障各级人民政府履行地质环境保护和地质灾害防治职能的专业技术支撑机构，为全省地质环境保护、地质灾害处置、防灾减灾提供技术支撑和咨询决策服务，其在 9 个市州及贵安新区均有派出分院与市（州）及贵安新区国土局合署办公，有力地支撑了市（州）地质灾害防治工作。

二、构建矿山地质环境工作框架

1. 管理制度和运行机制逐步完善

2000 年 7 月发布实施的《贵州省矿产资源条例》，明确了矿山环境保护的各项义务，规定了矿业权人在矿产资源勘查与开采活动各阶段应负的责任。同时规定了矿产开发活动造成的生态环境和地质环境的破坏，责任主体必须采取恢复治理措施；勘查、开采矿产资源造成的滑坡、泥石流、崩塌、地面塌陷、地裂缝等地质灾害，由矿权所有人承担治理义务。2007 年 3 月《贵州省地质环境管理条例》发布实施，再一次将采矿权人对矿山地质环境的保护责任进行了重申或重新规定，此后省属各部门又根据该条例，相继制定了系列配套法规政策（表 6-2）。

表 6-2 国家及省级发布的矿山地质环境保护类行政法规及政策文件

序号	名称	文号	发布时间	实施时间	分类
1	贵州省矿产资源条例		2000. 3. 24	2000. 7. 1	省级地方法规

续表

序号	名称	文号	发布时间	实施时间	分类
2	贵州省环境保护条例		2009.3.26	2009.6.1	省级地方法规
3	国务院关于修改《全民所有制矿山企业采矿登记管理暂行办法》的决定	中华人民共和国国务院令第67号	1990.11.22	1990.11.22	国家级管理政策
4	贵州省矿产资源补偿费征收管理实施办法	贵州省人民政府令第11号	1994.12.17	1994.12.17	省级管理政策
5	贵州省探矿权采矿权使用费和价款使用管理办法	黔国土资发〔2005〕22号	2005.6.27	2005.6.27	省级管理政策
6	贵州省省级地质灾害治理专项资金管理暂行办法	黔财建〔2006〕171号	2006.8.9	2006.8.9	部门管理政策
7	贵州省矿山地质环境恢复保证金管理暂行办法	黔府办发〔2007〕38号	2007.5.21	2007.5.21	省级管理政策
8	贵州省矿山环境保护与治理规划（2006—2015年）		2008.9.9	2008.9.9	专项规划
9	贵州省矿产资源总体规划（2016—2020年）	黔国土资发〔2017〕28号	2017.11.20	2018.1.3	专项规划

2015年3月，贵州省国土资源厅、财政厅、环境保护厅联合制定了《贵州省矿山地质灾害和地质环境治理恢复保证金管理办法》，进一步充实了管理政策。但实际工作中，因缺乏省级及各级政府制定的实施细则和配套政策支持，矿山地质环境问题的调查、监测、治理工程安排等目前仍是被动应对而非主动作为，需要从省级层面制定矿山地质环境问题责任认定、治理工程安排和组织实施、矿山地质环境治理修复收益归投资主体所有等政策，才能尽快形成提高社会各界关注和保护矿山地质环境的积极性，动员公众参与矿山地质环境治理修复的体系性政策环境。

2. 营造保护矿山地质环境的社会意识

以营造贵州省保护矿山地质环境的社会意识为主题，省行政主管部门开展了形式多样的宣传活动。一是利用新闻媒体大力宣传矿山环境保护的方针政策，积极推介工作中的先进典型和先进经验，监督严重的矿山环境破坏行为。二是利用"世界环境日"、"世界地球日"、"全国土地日"和"全国防灾减灾日"，采用集会、展览等形式，向公众进行包含"依靠科技创新和技术进步，推进资源合理开发、节约利用和集约利用，推进矿山地质环境保护与治理，提高国土资源对经济社会可持续发展的保障能力"等内容的政策及科普知识宣传。三是定期发布贵州省地质环境公报，向社会公开通报上一年度或近期矿山地质环境状况、保护与恢复治理工作取得的进展及存在的问题等信息，并欢迎和接受公众查询、监督。

3. 积极推进专业化保护与治理工作

（1）理论研究和专项调查

贵州省国土资源厅在推进矿山地质环境保护工作的同时，先后安排了贵州省"矿山环境保护管理基础研究"、"矿山环境保护与治理规划研究"、"矿山生态环境保护规划"和"废弃矿井调查与治理规划研究"等科研项目，对针对性地开展理论研究起到了积极作用。先后开展的"贵州省矿山地质环境调查与评估"、"西南地区（贵州省）矿产资源集中开采区矿山地质环境调查"、"贵州六盘水水城–钟山区煤炭矿区矿山地质环境调查"和"贵州省矿山地质灾害和地质环境调查"等专项，在查明全省矿山地质环境保护与治理现状的基础上，为提升保护与治理的技术、管理能力，提供了较为系统的基础资料支撑。

（2）矿山地质公园建设

2004 年经国土资源部部长办公会议讨论决定，在全国有条件的地区实施国家矿山公园建设工作，并下发了《国家矿山公园申报工作指南》等有关文件。贵州省在 2005 年 3 月提交了万山国家矿山公园申报材料，同年 8 月顺利通过国家矿山公园领导小组第一次会议评审，于年底动工兴建。万山国家矿山公园面积达 105km^2，在 2004 ~ 2009 年，通过申报国土资源部矿山地质环境恢复治理项目，争取到国家资金 2900 万元，加上当地政府多方筹措投入的 2000 余万元，全部用于公园建设后，至 2009 年 10 月 28 日，万山国家矿山公园正式揭碑开园。

（3）矿山地质环境治理

贵州省矿山地质环境治理恢复工作取得的主要成效：一是加快"还旧账"。对历史遗留、责任人灭失的矿山地质环境问题，不断加大资金投入力度进行综合治理。据不完全统计，截至 2016 年底，中央、省级财政及社会投入累计资金 8.86 亿元，治理和恢复矿山 76 个。二是力争"不欠新账"。2007 年，在全国率先施行《贵州省矿山环境治理恢复保证金管理暂行办法》，目前已累计投入资金 40.88 亿元，专用于矿山地质环境治理恢复。三是实施"矿山复绿"。2013 ~ 2015 年，贵州省已连续 3 年实施矿山复绿行动，并列为省政府重点工作任务，已实施矿山复绿项目 301 个，累计治理恢复面积达 68.92km^2。

三、地质旅游资源开发利用与保护

1. 地质旅游资源保护政策

贵州省地质旅游资源的主体主要是岩溶地貌景观，多种多样的古生物化石群，有独特医疗、保健功效的温泉、矿泉，以及具有科研意义的典型地震、地裂缝、地面塌陷、沉降、崩塌、滑坡、泥石流等地质灾害遗迹。为保护好极其珍贵且不可再生的地质旅游资源，贵州省先后发布了《地质遗迹保护管理规定》、《古生物化石保护条例》、《古生物化石管理办法》、《古生物化石保护条例实施办法》和《贵州省地质环境管理条例》等法规政策，初步建成了地质旅游资源保护的制度性框架。

2. 地质旅游资源保护体系建设

贵州省地质旅游业的井喷式发展，也带来诸如生态环境破坏、资源浪费等问题，使得生态利益与经济利益之间的矛盾和冲突日益凸显。但贵州省目前在地质旅游资源保护方面，还存在管理体制不健全，规划、监管、开发体系不完善，以及部门职责不清、监管责任难落实等情况。技术工作方面也未形成地质旅游资源调查、区划、评价体系，虽然省国土资源厅在 2006～2007 年编制了《贵州省地质遗迹调查技术要求》，但还是存在着工作标准、规范引用不统一，资源价值、等级认定不尽合理等问题。需要旅游、住建、国土等部门相互加强沟通，共同出台相关政策、制度，以达到科学监管、合理开发的目的。

3. 地质旅游资源调查评价

2000～2003 年，完成了兴义万峰林、关岭化石群、平塘掌布、织金洞、六盘水乌蒙山、绥阳双河溶洞等国家地质公园，以及乌当、花溪地质遗迹、独山标准剖面、思南石林等省级地质公园，预申报园区内的地质遗迹调查评价工作。

2004 年，开展"贵州地质遗迹资源文化价值评价"研究。2006 年，在研究成果基础上，武国辉等出版了《贵州地质遗迹资源》专著。2005 年，开展"贵州省黔南布依族苗族自治州旅游地质资源调查与评价"项目，出版了《黔南地质旅游》。2007 年 8 月至 2008 年 12 月，在赤水县、习水县、遵义市、织金县、仁怀市、安顺市、思南县、沿河土家族自治县（简称沿河县）等 27 个县（市）开展地质遗迹资源调查。2016 年开展"贵州省旅游资源大普查"，调查工作的重点是地质遗迹资源。

4. 地质旅游资源保护工作

1995 年，贵州省启动地质遗迹保护工作，主要采取划定地质遗迹保护区和推进地质公园建设两大措施加以推进。

（1）划定地质遗迹保护区

1996 年，当时的省地矿厅首次划定地质遗迹保护区。2002 年新成立的省国土资源厅结合地质公园建设，撤销了位于地质公园拟建范围，以及国家和省级自然保护区、风景名胜区、生态保护区内的保护区，并对在国内外具有较高知名度和学术价值的三处地质遗迹、特设保护区进行管理，其分别是罗甸关刀三叠系地质剖面保护区、紫云–长顺地质遗迹集中区、大娄山地质遗迹集中区。

（2）推进地质公园建设

在《国家地质公园建设标准》指导下，截至 2017 年 10 月，贵州已建成 1 个世界地质公园、8 个国家级地质公园，审批 3 个省级地质公园，预命名 6 个省级地质公园。2016 年成功申报的织金洞岩溶地质公园，为贵州首个世界地质公园。

四、农业地质工作模式初建

1. 编制发布农业发展规划

贵州省自然地理、生态、高原山地特点，决定了增加农民收入的最现实、最稳定的途径就是发展特色农业。"十二五"以来，省委省政府在贯彻落实中央新一轮西部大开发战略部署的过程中，结合《农业部关于加强西部地区特色农业发展的意见》，出台了支持特色农业发展的系列政策，确定了"传统农业快速转变，现代农业明显推进"的总体目标，并编制发布了《贵州省"十二五"特色农业发展专项规划》、《贵州省"十二五"农业科技发展规划》和《贵州省"十三五"现代山地特色高效农业发展规划》等系列规划，完成了切合贵州特点、凸显生态优势、独具山地特色、促进农业发展的顶层设计。

2. 农业地质调查评价工作

贵州省境内土壤环境质量与成土母质（母岩）密切相关。含有益元素较多的母质（母岩）分布区域，非常有益于种植高附加值的富锌、富硒特色优质农产品，这十分有助于"三农"问题的解决。因此，从20世纪70年代，贵州省农业厅、省国土资源厅、省地矿局、省环境保护厅等部门和单位，以查明耕地质量为重点，组织实施了大量基础性调查工作，取得了许多意义重大的农业地质环境调查成果。

（1）基础性地质调查

完成于20世纪90年代的区域性调查及主要成果有全省1∶20万区域地质调查、1∶20万水文地质调查、1∶20万水系沉积物测量等，分别从地质构造、地层、岩性、水文地质条件、水系沉积物地球化学特征等方面进行了系统的调查，为专项农业地质环境调查工作的开展，提供了多侧面、多视角且数据翔实的地质基础背景资料。

（2）贵州省第二次土壤普查

1979～1991年，贵州省第二次土壤普查，全面调查了全省的土壤类型、面积、分布、性质，分析了土壤有机质、全氮、碱解氮、全磷、有效磷、全钾、有效钾、有效铁、有效锌、有效锰、有效硼、有效钼、有效铜等土壤养分指标，并以土壤肥力情况为依据将农用地生产力划分为上、中、下三等。该项目成果，部分涉及对土壤成土母质类型与土壤营养元素、微量元素关系的认识。

（3）贵州省农业地质环境调查与评价

2006～2007年，为从宏观上把握全省主要农产品及特色农产品的大致分布状况，针对不同地质背景中岩石类型及岩石化学组成、土壤类型及土壤中元素组成情况，选择了少量特色农产品种植区进行小面积重点调查。调查成果较粗略，指导和应用性不强。

（4）贵阳市1∶25万多目标区域地球化学调查

2008～2012年，以贵阳市约12 400km²区域为对象，按1件/km²的密度采集土壤样品12 600余件（含局部加密取样），按1件/4km²样品进行组合分析。共采集送检岩石、土壤、水、农作物及人发等样品 5000 余件，分析了 Ag、As、Au、B、Ba、Be、Bi、Br、pH 等 54 项指标。本项目基本达到了从区域上了解土壤地球化学特征的工作目的。

（5）其他农业地质环境调查工作

除正在进行的乌蒙山特色农业区土地环境地质调查（约 600km²）项目外，贵州省从 20 世纪 80 年代开始，先后在局部地区开展了小规模的农业地质环境调查和科研工作。主要成果有 1982 年完成的清镇县地质地貌与农业区划；1987 年完成的贵州省烤烟生长的地质环境分析；1994 年完成的贵州省土壤地球化学元素背景研究；1995 年完成的 1∶150 万贵州省农业地质图；1996 年完成的贵州省地质环境与茶叶品质关系研究；1998 年完成的毕节市松林地质特征与烤烟关系研究；1999 年完成的开阳县富硒农产品开发利用研究和麻江优质大米调查评价；2000 年完成的贵州省优质农产品与地质环境关系研究；2001 年完成的丹寨县农业生态地质发展规划、贵州开阳县硒资源开发研究、农业生态地质与贵州优质农产品关系研究；2003 年毕坤等编写出版的《农业生态地质环境与贵州优质农产品》；2003 年完成的贵州地质环境与优质大米关系研究；2007 年用离子型多元素肥料种植辣椒的肥力试验效果及离子型多元素肥料在水稻、玉米上的应用效果研究；2008 年完成的湄潭县优质茶叶产地农业环境地质调查；2010 年完成的普安县优质茶叶产地农业地质环境调查；2013 年完成的贵州省典型富硒地区地质环境调查、离子型多元素肥料开发利用研究报告等。

第三节 贵州省地质环境可持续利用成果

立足贵州省经济社会与生态环境可持续发展需要，贵州省地质环境工作取得了十分明显的进展与成就。

一是地质环境管理法规政策体系日趋完善：地质灾害防治法规、矿山地质环境保护法规、地质遗迹保护法规、地质环境保护规划等组成的法规政策体系初步建立；二是地质环境管理制度日渐成熟：包括地质灾害应急响应在内的防灾制度基本建成，地质灾害防治与矿山地质环境治理恢复的专项经费投、管、用制度基本确立，省级矿山地质环境恢复治理保证金制度基本建立，地质环境保护与地质灾害防治的经济保障制度完善程度明显提高；三是地质环境管理职能与地质工作服务功能不断强化：乡以上管理部门基本健全，编制到位、职责明确、覆盖全省的组织体系初步建成，有力地促进了水工环地质成果向现实服务能力的转化，初步形成了地质环境资源保护与合理利用两者兼顾的新格局；四是地质环境资源服务经济社会发展的作用愈显重要。先后完成了全省旅游资源详细调查、全省地热资源调查评估、全省水文地质编图等重大环境地质项目，为合理利用地质环境资源奠定了坚实基础，并在全省经济社会绿色发展过程中起到了技术指导作用。

第七章 贵州省可持续发展的测绘与地理信息支撑

第一节 现代测绘与地理信息理论方法

20 世纪 90 年代以来，以地理信息系统、航空航天遥感等技术为代表的现代测绘地理信息技术得到了空前发展，并已渗透到国民经济和社会发展的各个方面。全球卫星导航技术的快速发展促使大地测量技术迅速向高精度、动态、全球化方向发展。航空航天遥感技术的发展，丰富了地理信息获取手段，提高了地理信息更新效率。网络技术、信息技术加速渗透和深度应用，将引发以智能、泛在、融合和普适为特征的新一轮信息产业变革。现代测绘地理信息技术客观、准确、定量分析与评估的优势，可为国家发展低碳经济，应对全球气候和环境变化，实施主体功能区规划、城镇化战略、区域协调发展战略，加强生态文明建设，加强国土资源管理，优化国土空间开发格局，推进"多规合一""智慧国土""生态国土"等做好支撑保障。

一、全球卫星导航技术

（一）全球卫星导航系统

1. GPS

美国全球定位系统（global positioning system，GPS）于 1973 年由美国国防部组织建立，该系统利用人造地球卫星进行空间点三维坐标测量，具有全球覆盖、定位精度高、速度快、抗干扰性强等优点。GPS 于 1979 年发射第一颗实验卫星（BLOCK I），到 1993 年 7 月共 24 颗卫星在轨运行，具备全球连续导航定位性能，并于 1995 年 12 月 8 日开始正式提供全球导航定位服务。2000 年以来，随着其他卫星导航系统的发展，美国政府决定实施 GPS 现代化，以保证 GPS 系统的传统优势地位，满足用户对更高精度导航定位性能日益急切的需求。截至 2018 年 1 月，GPS 星座包含 31 颗卫星。

2. GLONASS

俄罗斯全球卫星导航系统（global navigation satellite system，GLONASS）在 20 世纪 70

年代由苏联研发建立，于1995年建成由24颗卫星组成的全球导航定位系统。但此后由于俄罗斯经济发展缓慢及卫星寿命太短等，GLONASS在轨卫星数目迅速衰减。2003年第二代GLONASS进入实际建设时期，2011年12月GLONASS重新实现全星座运行。

3. GALILEO

欧盟GALILEO卫星导航系统于1999年在欧洲太空局（European Space Agency，ESA）的支持下建立，旨在增强欧盟对卫星导航系统的控制，保证欧盟用户能够长期享受卫星定位服务而不受GPS的影响，提升其市场竞争力和全球份额。GALILEO于2002年开始组建，由于政治和经济原因，GALILEO组网一度非常缓慢。2014年之后，GALILEO加快了组网的步伐。GALILEO系统预计于2020年后实现1m定位精度的全球公开服务，并对授权用户提供0.01m的高精度定位服务。

4. 北斗

北斗卫星导航系统（BeiDou navigation satellite system，BDS）是中国自主研发、发展并独立运行的全球卫星导航系统。结合我国的基本国情，北斗卫星导航系统的发展策略分"三步走"，其服务从区域有源到区域无源，再到全球无源定位发展。2000年第1颗和第2颗北斗导航试验卫星（GEO）相继发射成功，北斗系统实现区域导航功能。此后，北斗系统开始进入北斗二代的建设时期，随着多颗北斗卫星的成功发射，中国政府于2012年12月27日正式宣布北斗二代正式建成并对亚太大部分地区提供卫星导航定位服务。2018年，北斗系统开始高强密度组网，形成全球服务能力，北斗系统正式迈入全球时代。

（二）卫星导航增强系统

随着全球卫星导航系统（global navigation satellite system，GNSS）应用的不断推广和深入，现有卫星导航系统在定位精度、可用性、完好性等方面还是无法满足一些高端用户的要求。为此，各种卫星导航增强系统应运而生。这些卫星导航增强系统利用各种增强技术，如广域差分、局域差分等技术对卫星轨道、卫星钟差、电离层延迟等误差进行修正，以提高定位精度。卫星导航增强系统发展历程与趋势如图7-1所示。

卫星导航增强系统可分为星基增强系统（satellite based augmentation system，SBAS）与地基增强系统（ground based augmentation system，GBAS）。星基增强系统通过地球静止轨道（GEO）卫星搭载卫星导航增强信号转发器，可以向用户播发星历误差、卫星钟差、电离层延迟等多种修正信息，实现对原有卫星导航系统定位精度的改进，从而成为各航天大国竞相发展的手段。目前，全球已经建成多个星基增强系统，如美国的WAAS、欧洲的EGNOS、俄罗斯的SDCM、日本的MSAS及印度的GAGAN。地基增强系统与星基增强系统的目的一致，都是为了提高导航卫星系统的精度、可靠性与可用性。区域连续运行参考系统（continuously operating reference system，CORS）是典型的地基增强系统，它利用现代计算机、数据通信和互联网技术组成的网络，实时地向用户自动提供经过检验的不同类型、不同精度的卫星定位观测值、各种改正数、状态等信息。区域CORS不仅是动态的、区域

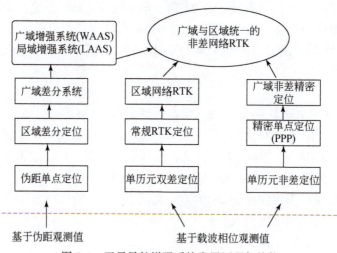

图 7-1　卫星导航增强系统发展历程与趋势

的空间数据参考框架，同时也是快速、高精度获取空间数据和地理特性的信息基础设施之一。地基增强系统的工作原理如图 7-2 所示。

图 7-2　地基增强系统的工作原理

（三）贵州省北斗地基增强系统

贵州省北斗卫星导航定位基准站网（又称贵州省北斗地基增强系统，GZCORS），是由贵州省国土资源厅投资建设、贵州省第一测绘院（贵州省北斗导航位置服务中心）具体实施建立的现代化高精度位置服务系统，GZCORS 构建了贵州省新一代坐标基准框架。该系统成功克服了云贵高原地质情况复杂、地形起伏大、电离层活跃等多种技术和工程难题，将贵州省及周边区域的北斗定位精度从 10m 量级提高到实时厘米级、后处理毫米级，且大大缩短了北斗精密定位服务的响应时间。贵州省北斗卫星导航定位基准站网由 1 个北斗大数据中心、1 台高精度原子钟、1 个服务平台和 89 个基准站组成，站点均匀覆盖全省，平均基线边长为 30～50km，布局为全国最优，达到国际先进水平。系统的服务信号可以覆盖贵州省的每一寸土地并能向省外延展 100km。

1. 系统建设

GZCORS 采取以数据中心为中心节点的星形网络结构，网络协议为 TCP/IP 协议。GZCORS 由连续运行基准站网、系统控制与数据中心、数据通信网络及用户应用系统组成，如图 7-3 所示。

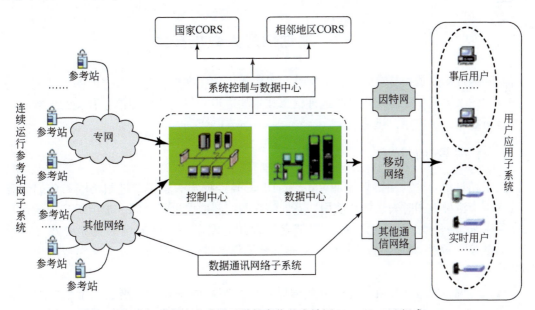

图 7-3　贵州省北斗卫星导航定位基准站网（GZCORS）组成

2. 系统关键技术

GZCORS 的关键技术主要是 GNSS 高精度数据处理技术，包括整周模糊度固定、实时区域大气延迟改正、实时非差网解等。

模糊度固定的目的是对双差模糊度进行整数固定。固定的双差整周模糊度作为虚拟观测值，引入观测方程与法方程，提高定位精度。模糊度固定是提高定位精度的关键技术之一。模糊度固定流程如图 7-4 所示。

精确求解实时区域大气延迟误差是实现 GNSS 高精度定位的另一关键技术，大气延迟误差主要包括对流层延迟与电离层延迟。电离层单层假设是二维电离层电子浓度总含量（TEC）模型建立的基础，其基本原理是忽略电子密度在垂直方向的分布，假设电离层集

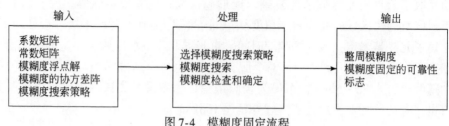

图 7-4　模糊度固定流程

中于地球上方某一高度处的无限薄的一个薄层上面。在这一假设之下，电离层成为只具有总电子含量位置、时间分布特征信息的物理量，从而可以以位置和时间为自变量，并将总电子含量看作这两个自变量的函数，进而对一定时间、空间范围之内的电离层变化进行数学表达。

二、空间地理信息大数据技术

空间地理信息数据具有海量、多样性、需快速处理、高价值等大数据的基本特征，是名副其实的大数据。随着现代测绘地理信息技术的进步，与空间地理信息有关的大数据获取与分析技术逐步应用，迅速发展。

（一）矢量切片技术

矢量切片是一种利用协议缓冲（protocol buffers）技术的紧凑二进制格式来传递信息的技术。当渲染地图时矢量切片使用一系列储存的内部数据进行制图。被组织到矢量切片的图层（如道路、水、区域），每一层都有包含几何图形和可变属性的独立要素（如姓名、类型等）。数字城市、智慧社区、贵州天地图等系统的地图服务发布都需要应用矢量切片技术。

通俗地说，矢量切片就是将矢量数据以建立金字塔的方式，分割成一个个描述性文件，以 GeoJson 格式或者以 pbf 等自定义格式组织，然后在前端根据显示需要按需请求不同的矢量瓦片数据进行 Web 绘图。矢量切片技术的特点如下：

1）地图显示效果更加清晰，颜色鲜艳，视觉效果好。

2）成熟的缓存、缩放比例技术，能够快速地提供地图映射；高性能的数据格式，提高地图加载速度。

3）矢量切图继承了矢量数据的特性，以要素为单位进行管理，加强了细节上的把控能力。

4）在保证体验的前提下，在前端直接提供地图数据样式动态修改的功能，增强了地图个性化定制程度。

（二）倾斜摄影技术

倾斜摄影技术是国际摄影测量领域近十几年发展起来的一项高新技术，该技术通过从五个不同的视角（一个垂直视角、四个倾斜视角）同步采集影像，从而获取丰富的建筑物顶面及侧视的高分辨率纹理。它不仅能够真实地反映地物情况，高精度地获取物方纹理信息，还能通过先进的定位、融合、建模等技术，生成真实的三维城市模型。倾斜摄影工作原理如图 7-5 所示。

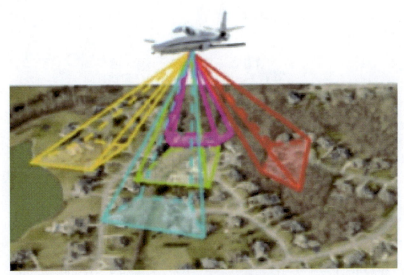

图 7-5　倾斜摄影工作原理

倾斜摄影技术生成的数据成果能直观地反映地物的外观、位置、高度等属性，为真实效果和测绘级精度提供保证。该技术能有效地提升模型的生产效率，大大降低了三维模型数据采集的经济及时间成本。倾斜摄影技术作为一个新兴的技术方法，经过多年的发展，已经广泛应用于三维建模、数字城市、资源管理、应急指挥、环保监测、灾害评估等领域，具有非常好的应用前景。近几年，贵州国土部门在数字城市建设、智慧社区、地质灾害应急与监测等领域充分使用了倾斜摄影技术进行快速真三维模型重建。

（三）机载激光雷达测量技术

机载激光雷达（light detection and ranging，LIDAR）是一种基于 POS（GPS + IMU）技术和激光测距技术的主动式对地观测系统，集成了激光扫描仪、差分 GPS 系统、IMU 和数码相机的激光雷达装置，通常被安装于飞机上。LIDAR 测量技术开辟了由空中直接获取高精度三维地面信息的新途径。LIDAR 系统本身包含激光、全球卫星导航系统（GNSS）和惯性导航系统（IMU）三种技术，并与数字航摄仪相结合，而且激光脉冲不受阴影和太阳角度的影响，具有采集密度高、数据精度高、植被穿透能力强等优点。目前贵州国土系统在地理国情普查、区域大比例尺地形图生产中应用了该技术。机载激光雷达测量工作原理如图 7-6 所示。

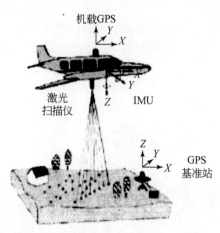

图 7-6　机载激光雷达测量工作原理

（四）合成孔径雷达技术

合成孔径雷达（synthetic aperture radar，SAR）作为一种主动式微波成像传感器，能够不受天气、气候及光线的影响，可以全天时、全天候地成像，因此，合成孔径雷达已发展成为一种不可或缺的对地观测工具。SAR 技术已被广泛应用于军事和民生领域，是实现空间军事侦察、自然资源普查、自然灾害监测等的重要技术手段。对贵州省多云雾覆盖的气候特点，SAR 技术尤其具有优势。目前贵州已利用该技术开展了地表形变监测、地质灾害隐患排查、土地利用分类等工作。

（五）云计算技术

得益于计算机技术的不断发展，测绘地理信息服务与产品的形式与内容不断丰富，服务领域不断拓展，服务能力与质量不断提高。例如，贵州省国土部门在数字六盘水、数字都匀、国土资源精准扶贫挂图作战系统等项目中就充分应用了云计算技术。

1. 动态负载均衡技术

传统的负载均衡多是静态的，只能配置固定的机器，无法适应云环境下的应用运行要求。采用动态负载均衡技术，可以动态地调整集群中的虚拟机数据量。

2. 云空间数据引擎技术

该技术在云存储基础上进行扩展，使云存储支持空间数据的存储、检索、空间索引创建、空间坐标表示、基本空间操作（如缓冲、测距）。

3. 云应用自动部署技术

云计算通过互联网来提供动态易扩展的虚拟化资源。云应用自动部署技术支持应用的在线一键式上传和部署，部署后的应用自动具有云的动态可伸缩性特征，并能对应用运行情况进行监控，及时检测出故障并告警。

（六）数据挖掘技术

数据挖掘是一种决策支持过程，它主要基于人工智能、机器学习、模式识别、统计学、数据库、可视化技术等，高度自动化地分析数据，做出归纳性的推理，从中挖掘出潜在的模式，帮助决策者调整策略，减少风险，做出正确的决策。现代测绘与地理信息技术更加注重将其与数据挖掘技术相结合。例如，在服务社会综合治理方面，采用内容推荐、协同过滤推荐、基于关联规则推荐和组合推荐等大数据的智能推荐算法，针对不同专题信息进行挖掘和统计分析，可实现公共服务事项的精准推送。贵州省第一测绘院具体实施的贵阳市社会治理大数据云平台"社会和云"项目就应用了数据挖掘技术。

第二节 贵州省测绘与地理信息实践

测绘地理信息是支撑国土资源管理的重要技术手段，与国民经济建设密切相关。测绘地理信息事业既是基础性事业，又是战略性新兴产业的重要组成部分。贵州在持续开展基础测绘、更新全省基础地理信息、创新测绘项目管理、建设贵州天地图服务系统、开展旅游资源大普查及精品水果种植面积调查、开展应急测绘保障体系建设等方面做了大量富有成效的工作，在加快信息化测绘体系建设、服务国土资源管理、提高测绘地理信息保障服务能力等方面进行了有效的实践。

一、测绘地理信息工作持续稳步推进

基础测绘是建立全国统一的测绘基准和测绘系统，进行基础航空摄影，获取基础地理信息的遥感资料，测制和更新国家基本比例尺地图、影像图和数字化产品，建立、更新基础地理信息系统的基础事业。基础测绘事业是为经济建设、社会发展、公共应急等提供测绘地理信息保障服务的基础性、先行性、公益性事业，其服务范围涉及与空间位置有关的诸多领域。全面落实主体功能区规划，对重点生态功能区编制产业准入负面清单，需要基础测绘提供信息，及时监测进展变化；推进"多规合一"，实现一个市县一本规划、一张蓝图，需要基础测绘和地理国情普查数据作规划底图；实施以市县级行政区为单元，建立由空间规划、用途管制、领导干部自然资源资产离任审计、差异化绩效考核等构成的空间治理体系，需要基础测绘成果提供统一的地理空间基础数据；开展生态文明建设、监测自然资源承载能力，需要基础测绘成果提供必要的空间基础数据；全省重大基础设施建设，需要基础测绘成果作前期方案论证、总体规划设计；精准扶贫、生态移民选址规划、高标准基本农田整治、永久基本农田划定、山地特色城镇化等方面离不开现势性强的基础测绘成果作必要支撑；在智慧城市、"N朵云工程"、"互联网+"、现代山地特色高效农业、山地旅游业、防灾减灾、国防安全建设、现代物流业等产业项目建设方面，只要涉及空间地

理位置就离不开基础测绘成果的支撑服务。近些年来，贵州省基础测绘取得了喜人的成就，翻开了贵州基础测绘新的一页。

1. 实施贵州省 1∶2000 基础地理信息数据的坐标系转换工作

一切空间数据的坐标描述都必须基于具体的空间坐标系，没有空间坐标系，坐标值就无从谈起，也就无法准确描述空间位置。贵州国土部门于 2010～2012 年完成了全省大地控制成果（包括三角点和 GPS 点共 5334 个点）的空间参考向 2000 国家大地坐标系转换及贵州全省地理信息数据 2000 国家大地坐标系转换工作，并在市县级开展了相关成果的推广应用。

2. 贵州省 1∶1 万数据库与国家 1∶5 万基础地理信息数据升级更新

贵州省于 2013 年启动 1∶1 万基础地理信息数据库整合升级工作，按照国家标准及要求，完成了数据库建库与升级、成果质量监督检查与项目验收。同时，还完成了贵州省辖区内国家 1∶5 万基础地理信息数据库升级更新。

3. 航拍测绘技术献智贵州省精品水果种植面积精确统计

为了精确统计贵州省火龙果、蓝莓等精品水果的种植面积，指导各地抓好特色种植，带动农民脱贫增收，贵州国土部门充分利用测绘地理信息技术开展了全省精品水果种植面积调查与监测工作，采用航拍、倾斜摄影等现代测绘技术进行数据采集与处理，首次摸清了全省精品水果分布区现势数据。

4. 测绘地理信息技术助力贵州省旅游资源大普查

旅游资源是旅游业发展的前提和基础。2016 年，贵州省在全国率先开展了省域旅游资源大普查。贵州国土部门充分利用地理国情普查成果并借鉴地理国情普查技术标准，为全省旅游资源大普查提供了基础数据支撑。

旅游资源普查工作选择高分辨率遥感影像数据和区域地质数据等资料为实地普查提供基础资料，以地理国情普查高分辨率影像及要素框架数据作为工作底图，保证了调查基础的全面、规范、统一。贵州省旅游资源普查工作使用分辨率优于 1m 的影像与 1∶1 万比例尺精度的国情框架数据开展外业调查作业，首次在省内实现了旅游资源单体的精准空间定位。已建成的国情普查数据库为旅游普查数据库建设提供了从数据预处理、数据入库、数据库管理到数据成果发布服务的全系列成熟技术支持与基础数据库支撑。基于国情普查成果的贵州省国土资源云及"一张图"平台为旅游资源大普查成果的应用奠定了基础应用平台。

二、现代测绘地理信息创新管理建设

1. 建立贵州省基础测绘项目管理平台

得益于基础测绘投入的逐年增长，贵州省基础测绘队伍建设日臻完善，基础测绘从以传统地形图测绘为主，向以信息化、共享服务、空间辅助决策分析为代表的现代信息化测绘转型发展。基础测绘项目呈现出项目多元化、服务多样化的特点。为提高基础测绘项目管理水平，贵州省建设了基础测绘项目管理平台。该平台运用现代企业资源计划理论和技术手段，融合办公自动化、管理信息化的原理，针对测绘业务流程，结合基础测绘项目及专项工程项目，建成了贵州省基础测绘工程项目管理体系和基础测绘工程项目管理平台。

2. "天地图·贵州"建成上线

"天地图·贵州"作为地理信息综合服务网站，是"数字贵州"的重要组成部分，是国家地理信息公共服务平台的公众版。其目的在于促进地理信息资源共享和高效利用，提高测绘地理信息公共服务能力和水平，改进测绘地理信息成果的服务方式，更好地满足信息化建设的需要，为社会公众的工作和生活提供便利。

"天地图·贵州"的第一批数据生产内容包含省内 34 个县级以上建城区与部分风景名胜区及工业园区的高分辨率（0.1~0.5m）航摄遥感影像覆盖，中分辨率遥感影像及重点城市高分辨率遥感影像的全省覆盖。"天地图·贵州"省级节点于 2012 年 10 月 30 日依托主节点运行支持环境完成服务发布，并接入天地图主节点，实现了国家级、省级的服务聚合。随着地理国情普查获取的影像陆续上传至"天地图·贵州"系统，其数据内容不断更新和丰富。

3. 完善管理形式，实现贵州省"测绘地理信息服务+"

贵州省测绘地理信息行业主动作为，开展"测绘地理信息服务+"，让地理信息数据服务于广大民生、各领域各产业，提升了政府公共服务水平。贵州省"测绘地理信息服务+"的主要实践包括：利用测绘地理信息成果编制基本类型领导工作用图和各类专题地图集；扩大基础测绘成果应用；建设贵州省国土资源大数据遥感监测产业基地；发展基于北斗位置服务的大数据产业，依托高精尖测绘设备和卫星导航定位基准站，构建"空天地"一体化时空信息大数据产业链等。

（1）创新地图产品形式编制基本类型领导工作用图和各类专题地图

贵州省国土资源厅按照年度更新编制了基本类型领导工作用图《贵州省地图集》，根据需要编制了以下专题地图集：《贵州省地理国情普查地图集》、《贵州省交通地图集》及挂图、《贵阳市主城区图》挂图、《多媒体贵州省旅游资源地图册》、《贵州省万亩耕地大坝影像图集》等。

同时，贵州国土部门还对全省地理国情成果进行拓展应用，开展了地理国情图集编制工作，与中国测绘科学研究院合作开发了地理国情数据自动化成图技术，极大地提高了地图制图生产效率，对提高地图成图数据处理能力、应急快速出图提供了新技术支撑；在提供使用的移动端电子地图基础上，开发出多系统移动端 APP 模式的地图浏览查询系统。

（2）基础测绘成果主动服务国土管理工作

贵州国土部门充分利用全国第一次地理国情普查成果，为国土资源云提供数据底盘，为各类重大工程项目提供勘界、测量、地形图绘制等快速测绘服务。贵州利用基础测绘成果主动服务国土资源管理工作，主要是抓好两方面工作。

一是注重转变国土资源管理方式。贵州国土部门运用测绘地理信息大数据，通过综合监测土地"批、征、供、用、补、查"各环节，采用主动、被动结合监管的方式，保障土地资源精确高效供给；通过矿权数据精确上图、多级联动和并行审批，动态监测监管矿权"探、采、用、配、查"全流程，保障矿产资源合理高效利用；利用测绘地理信息大数据，有效提高全省国土资源监测监管水平和效率，改变国土资源管理重审批轻监管的状况。

二是测绘队伍积极保障国土重大工程项目。测绘队伍在贵州国土部门统一部署下，积极开展了永久性基本农田划定、不动产登记颁证、城市建设用地集约节约利用评价、土地变更调查等工作，圆满完成了各项任务。

（3）高精尖测绘设备及相关技术凸显测绘地理信息保障服务能力

贵州省地质环境脆弱、地质灾害易发，为了有效提高防灾减灾能力及现代化水平，把地质灾害损失降到最低，同时为贵州省地质灾害管理提供科学依据，实现区域社会、经济、资源环境的良性发展，贵州省充分利用测绘地理信息先进技术开展了科技防灾减灾工作，利用光学遥感、地面三维激光扫描、机载激光雷达、倾斜摄影、航空摄影、星载干涉雷达、地基干涉雷达及北斗卫星导航定位技术等进行地表形变异常识别及地质灾害隐患排查，建立了以北斗卫星导航系统为主的地质灾害自动化监测系统及灾害巡查管理系统，在地质灾害综合治理、防灾减灾、基础设施建设工程、国民经济和城乡发展规划规避风险等方面提供了决策支持。

贵州省测绘地理信息部门根据全省地质灾害防治要求及特点，在 2017 年汛期，首次利用星载合成孔径雷达差分干涉测量技术，基于高分辨率的 L 波段（波长约为 26cm）星载合成孔径雷达数据对省内地质灾害监测重点区域进行形变监测，及时给有关部门提供反馈，监测成效显著（图 7-7）。同时，还利用该技术辅助扶贫移民搬迁点选定和扶贫工程选址决策，助力科学精准扶贫。基于测绘地理信息大数据，有利于深入了解和掌握地质灾害发生发展的成因机理、趋势和规律，为防灾避难提供了相关的数据支撑，有利于地质灾害监测和提早防治。

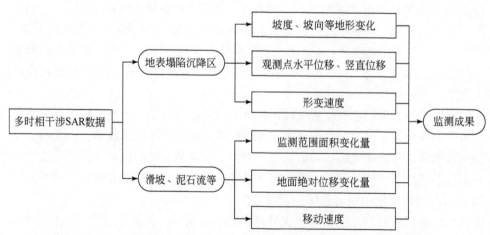

图 7-7　基于星载合成孔径雷达差分干涉测量技术的地质灾害监测业务流程

4. 建设现代应急测绘保障体系

受地形、气候、地貌、土质等多因素影响，贵州地质灾害易发，滑坡、泥石流及崩塌等地质灾害严重威胁民众生命及财产安全，制约经济社会发展。为最大限度地降低因地质灾害造成的生命与财产损失，加强防灾、救灾、治灾中的应急测绘保障显得十分重要而迫切。

（1）建成测绘地理信息应急快速响应机制

贵州省国土部门已配备无人机、航测直升机、应急监测车、激光雷达移动测量车等高科技测绘装备（图7-8）。各种系统优势互补，极大地降低了贵州航测受天气因素和起飞场地条件的影响，不仅提高了数据获取效率，还提高了影像获取的分辨率，能满足地表数据快速获取、实时调查和监测的需要。

图7-8　贵州省国土资源厅配备的国土资源应急保障直升机

"十二五"期间，贵州省率先在全国实现了部、省、市、县四级应对突发性地质灾害的互联互动，并将地理信息应急监测、快速成图、后差分GNSS定位等技术有效地应用于应急测绘保障服务，形成从数据采集、处理到应急影像数据分析的一套应急快速响应测绘保障体系，建成测绘地理信息应急快速响应机制。贵州省国土部门加强了测绘基准系统、移动测绘、影像数据快速获取与处理、地图快速制印、指挥调度等应急技术装备、操作平台和人力资源的建设，为地质灾害的防控应对和灾后重建提供了有效的基础保障。

（2）开展应急测绘演练

为提升地质灾害防治工作水平、提高灾害临灾状态下抢险救灾应急反应能力和技术配合协调性，保障应急测绘队伍及装备的正常运行，针对贵州省多发地质灾害、洪涝灾害的特点，贵州省国土资源厅每年都多次开展应急测绘演练。该演练主要针对特有的地质构造条件和自然地理环境，进行道路抢通时间计算、救援方案设计，以及宏观地观测灾情灾后快速重建等方面的应急测绘演练工作。

第三节　贵州省测绘与地理信息创新成果

随着基础测绘项目的稳步推进和现代测绘地理信息保障能力的全面建设，贵州省扩大和深化了基础地理信息成果创新应用服务，并取得了长足的发展。贵州基础地理信息成果在扶贫、国土、交通、数字城市、军队、应急、发改、公安、教育、环保、民政等诸多领域应用广泛，如贵州省政府应急管理指挥系统平台建设、军事区域军情普查、贵州全省第二次全国地名普查、贵州全省国土资源精准扶贫作战图管理系统建设、国家级自然保护区规划编制、贵阳龙洞堡机场周边环境治理图斑专题图制作、贵州省旅游资源大普查、省级空间性规划"多规合一"试点等。同时，社会对基础地理信息数据的需求呈现出大幅增长态势。

一、贵州省 GNSS 连续运行基准站网建设

贵州省北斗卫星导航定位基准站网（GZCORS）建设是现代测绘基准建设的重要内容，由贵州省第一测绘院（贵州省北斗导航位置服务中心）具体实施建设。该系统基于卫星定位系统，将卫星定位与导航技术、计算机科学、测绘学、气象学、地理信息系统、现代通信技术等有机结合，能够为用户提供实时分米至厘米级、后处理毫米级的定位服务。在全省范围内，GZCORS 系统按照一定间距建立 89 个连续运行的永久性 GNSS 接收台站（基准站），利用通信网络实时将观测数据传送到数据中心服务器，通过专业的 GNSS 基准站网数据处理软件对各个基准站进行远程管理，完成数据采集、备份、处理及分析，最后经互联网向各行各业用户提供高精度定位服务，具体站点分布如图 7-9 所示，部分站点实景照片如图 7-10 所示。

2016 年 12 月，贵州省北斗卫星导航定位基准站网（GZCORS）组网成功，正式启动试运行；2017 年 6 月底，GZCORS 服务信号无缝覆盖贵州全境，填补了贵州省空间大数据基础设施的空白。GZCORS 系统成功克服了云贵高原地质情况复杂、地形起伏大、电离层活跃等多种技术和工程难题，将贵州省及周边区域的北斗定位精度从 10m 级提高到实时厘米级、后处理毫米级，且大大缩短了北斗精密定位服务的响应时间。除了我国的北斗卫星导航定位系统，该系统还兼容 GPS、伽利略和格洛纳斯等卫星导航定位系统，这一局面改变了传统用静态测量控制点测绘作业的旧貌。目前，GZCORS 系统已服务于省内外国土、空军、交通、农业、环保、林业等各类用户单位 220 多家，1800 多台终端受益，经过专家测试和用户反馈，贵州区域信号质量为优等，在全国实现了后发赶超，贵州步入现代测绘快车道。

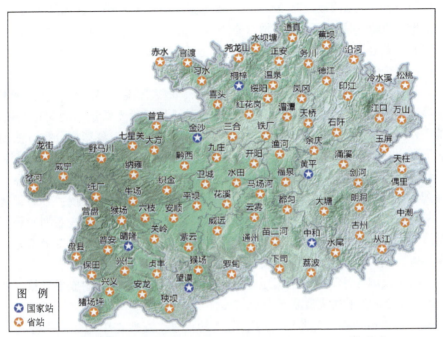

图 7-9　贵州省北斗卫星导航定位基准站网（GZCORS）站点分布

图 7-10　贵州省北斗卫星导航定位基准站网（GZCORS）贞丰站外景

二、贵州省第一次全国地理国情普查工作

2013～2015 年，贵州省根据国务院统一部署，开展了第一次全国地理国情普查工作。

贵州省地理国情普查总面积为 176 287km²，普查工作由贵州省国土资源厅负责牵头实施。为全面完成贵州省第一次全国地理国情普查工作，贵州省通过加强组织领导、落实专项资金、统筹协调部署等举措，投入普查人员 2400 余名，举全省之力积极推进普查工作，第一次系统摸清了全省的地理国情"家底"。

面对贵州省基础测绘资料缺乏、地形地貌复杂、地表覆盖类型多样、高分辨率遥感影像不完整等诸多困难，贵州省的地理国情普查采用了基于激光雷达移动测量系统的 DEM 更新、基于外业全景影像移动采集系统的样本获取、基于面向对象影像分类方法的地表覆盖自动解译和地理国情普查及监测外业调绘系统开展普查工作；基于数据库技术和基础地理信息平台等手段，建立了首个全省地理国情数据库，包括高分辨率遥感影像、地表覆盖、地理国情要素等九个空间数据库，开发了地理国情普查数据库系统；开展了普查数据基本统计与对算工作，形成了基本统计报表，编制了全省地理国情普查系列专题图。普查质量控制严格，保障了成果客观、真实、准确。普查工作全面落实了"二级检查、一级验收、过程抽查、预验收、验收和验后复核"的质量控制制度，提交的普查数据成果均通过了各级质量检验及国务院第一次全国地理国情普查领导小组办公室的成果复核，四类数据成果合格率为 100%，平均优良品率为 95.7%。

贵州省按照"边普查、边监测、边应用"的要求，在普查中强化成果应用。截至目前，普查成果已应用于测绘、军队、应急、发改、教育、环保、民政、国土 8 个行业的 20 多个项目中，有效地保证了全省工业化、城镇化、交通水利、资源调查和开发利用、环境保护和生态治理等工作的顺利实施。

三、倾斜摄影融合数据挖掘技术服务社会综合治理

一直以来，我国社会治理主要面临如下难题：①社会治理机制不健全，无法全面满足社区成员多元化、多层次的社会性和文化性需求；②社会治理存在只重视政府主导，而忽视群众和社会组织协同作用；③以往社会治理方式重结果、轻过程，导致社会治理精细化程度不够。

2013 年，中央在十八届三中全会《中共中央关于全面深化改革若干重大问题的决定》中提出"加快形成科学有效的社会治理体制"，并从改进社会治理方式、激发社会组织活力、创新有效预防和化解社会矛盾体制、健全公共安全体系四个方面提出了原则性要求。为从技术上促进解决上述社会治理问题，贵州国土部门先后依托贵阳市社会治理大数据云平台"社会和云"、数字六盘水、数字都匀、仁怀市房地一体等项目，开展了一系列创新性关键技术研究，形成了将倾斜摄影技术应用于社会治理的技术流程和体系，并将二维、三维地理信息与人口、法人、房屋、地址、社情、事件等非空间事件关联，利用大数据挖掘与人工智能技术，打造了社会治理新模式（图 7-11）。

项目成果应用于贵阳市委群众工作委员会、贵阳市花溪区网格化服务管理指挥调度中心、贵州省武警总队、贵阳市消防支队、贵阳市公安局、贵阳市住房和城乡建设局、都匀市国土资源局、都匀市城乡规划局、都匀市消防支队、六盘水市国土资源局、六盘水市公

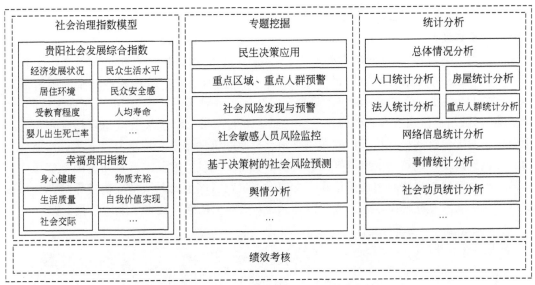

图 7-11　社会治理分析决策功能架构

安局等多个部门，涉及社区管理、反恐维稳、消防救灾、社会动员、空间规划、棚户改造等多个社会治理领域。

在贵阳市社会治理大数据云平台"社会和云"项目中，针对贵阳市委群众工作委员会及贵阳市花溪区网格化服务管理指挥调度中心实际需求，贵州省国土部门通过构建对应的数据处理与更新规范，以倾斜摄影数据为基础，关联并整合人口、法人、房屋、地址、社情、事件社会组织等数据，构建了基于地理信息的社会问题跟踪模型、需求识别模型、自动化语义及文本识别模型、案件分拨模型和辅助决策模型，有效地改变了传统社区网格化管理数据更新不及时、社区管理不精准、社会组织难以动员、个性化服务识别与推送不到位、辅助领导决策欠科学的现状。

四、机载 LIDAR 技术助推贵州山区 1∶500 比例尺地形测量

贵州国土部门将机载 LIDAR 与摄影测量集成技术应用于贵州山区 1∶500 比例尺地形测量，获取了满足规范要求的成果，显著提高了生产效率。在应用该技术的过程中，贵州国土部门创造性地提出了内业进行屋檐改正的方法，在减少外业工作量的同时提高了屋檐改正精度，方法易操作、成本低。

机载 LIDAR 技术作为一种高效的地理信息数据获取方式，可全面推广于山区的大比例尺地形图测绘项目，从而快速获取激光点云和影像数据，实现成果多样化。该技术可广泛应用于智慧城市建设、国土资源、土地利用、电力输电线路、资源勘探、城市规划、农业开发、水利工程、环境监测、交通通信、防震减灾、应急测绘及国家重点建设项目等方面，为国民经济、社会发展和科学研究提供极为重要的基础资料。

五、精准服务，为"大扶贫"提供坚实保障

　　2015 年，习近平总书记在贵州召开的部分省区市党委主要负责同志座谈会上指出"各地都要在扶持对象精准、项目安排精准、资金使用精准、措施到户精准、因村派人（第一书记）精准、脱贫成效精准上想办法、出实招、见真效"，首次提出扶贫工作的"6个精准"。随后，贵州省委省政府要求全省抓好落实，指出精准扶贫就是要精确定位、精准到户，明确全省的精准扶贫作战图由省国土资源厅负责建设，并作为"十三五"期间检验、考核扶贫工作成效的重要依据。为贯彻落实省委省政府的要求，贵州省国土资源厅多举措并举，充分利用测绘地理信息新技术建设了贵州省国土资源云精准扶贫作战图管理系统（图 7-12），为贵州省"大扶贫"战略实施的"6 个精准"提供了空间数据支撑。

图 7-12　贵州省国土资源云精准扶贫作战图管理系统

1. 加强组织保障，统筹作战部署

　　贵州省有 493 万贫困人口（2015 年底数据）、177 万贫困户，其中，总人口小于 5 万的较少人口少数民族贫困村有 65 个，已确定的整村搬迁点 7300 多个，集中安置点 360 多个。按照全省统一挂图作战指挥的要求，贵州省国土资源厅与 9 个市州政府、贵安新区管委会及相关部门共同形成精准扶贫作战图建设工作协作机制，上下联动，密切配合，确保各环节工作有序、顺畅。

　　结合部门特点，贵州省国土资源厅将精准扶贫作战图设计为"一总两专"。"一总"是全省的贫困县、贫困人口情况总体分布图；"两专"是充分利用国土政策对易地扶贫和就地扶贫采取的专项行动，一是增减挂钩易地扶贫作战图，二是土地整治就地扶贫作战图。

贵州省国土资源云精准扶贫作战图管理系统建设按照统一底图、统一平台、统一图例、统一技术规范、统一质量标准的要求，各战区系统建设同步推进。为保障该系统顺利建成投入应用，贵州国土部门组建了近千人的队伍投入项目建设中。

2. 深化系统研发，拓展应用功能

为进一步丰富"精准扶贫作战图"的精确展示、辅助决策、作战指挥、成效考核的主要功能，贵州国土部门还对各战区系统进行了深入研发和功能拓展。该系统具备如下功能：贫困点聚类展示功能，通过聚类分析，根据贫困户点距动态统计，可做到实时显示一定范围内贫困户的数量；致贫原因精准分析功能，深层次分析多尺度下的致贫原因，进行统计展现，便于有针对性的施策；易地搬迁路线动态模拟功能；易地搬迁安置辅助决策功能，叠加坡度分析数据、地灾隐患点数据、易地搬迁安置数据，提供优先搬迁决策和安置点选点依据；"5 个 100 工程"受益人群分析功能，为贫困户就业提供决策支持；贫困区域道路通达性分析功能，为贫困区域基础设施规划建设提供依据；贫困区域公共资源配置分析功能，为医院、学校、生态保护等公共资源布局建设提供依据；扶贫项目实施和脱贫成效检验功能，通过定期或适时影像对比分析，可直观地跟踪项目进展，检查扶贫成效；还开发了精准扶贫到户工作平台，构建了精准扶贫动态监测体系。另外，基于移动终端开发的"精准扶贫作战图"应用软件 APP，可实时上传相关监测点数据和轨迹，实现了对贫困信息的实时采集、实时更新、实时跟踪、实时检查及实时考核。

3. 针对极贫乡镇深化系统开发

贵州省国土资源云精准扶贫作战图管理系统的开发建设针对贵州全省 20 个极贫乡（镇）在"一总两专"基础上，进行了更精准、更全面的数据采集和系统深化开发，并展开专题研究形成专题报告。一是开发了离线版的平版系统，方便各级领导在没有通信信号情况下使用。在对 20 个极贫乡（镇）所有贫困户、搬迁点、安置点进行空间定位和图片采集核实的基础上，收集该乡（镇）土地资源、矿产资源、旅游资源、气候条件等自然资源禀赋、地质灾害隐患点分布、国情要素、特色农产品、传统优势项目信息，进行数据分析处理后，形成各乡镇专题报告，按照统一内容、统一格式、统一精度、统一技术标准，录入加载到高分遥感影像图上，制作出精细化的精准扶贫作战图。二是开展资源禀赋的基本分析，为贵州省委省政府提供决策依据。采取做精乡、做全县的原则，充分利用地理国情普查成果、旅游资源大普查成果，收集气候条件、矿产资源、特色农产品及传统优势项目，每个乡镇形成一份专题报告。同时，贵州省国土资源厅领导亲自深入极贫乡（镇）进行调研，了解极贫乡（镇）贫困现状，分析贫困原因，探讨脱贫思路和举措，明确国土资源部门为极贫乡（镇）脱贫承担的职责和具体帮扶措施，指导极贫乡（镇）作战图开发建设。

4. 构筑可视系统，展现丰硕成果

贵州省国土资源云精准扶贫挂图作战图管理系统的建设，将全省贫困人口信息、搬迁

安置点、增减挂钩相关项目、土地整治相关项目等空间位置、图片采集及精确定位，部分全景影像纳入专题数据库，丰富全面的时空大数据为大扶贫提供了坚实数据支撑与保障。系统建设共完成贫困户采集上图 151 万户，采集照片 140 多万张，易地扶贫搬迁点采集上图 7578 个，易地扶贫安置点采集上图 364 个，服务于就地扶贫的土地整治项目采集上图 278 个，还获取了 515 个项目点的全景影像，总获取的数据量达 10TB。贵州省国土资源云精准扶贫作战图管理系统具有"一统八图八准四精"的特点。"一统"即一个统一的全省指挥系统；"八图"即贫困县分布图、贫困人口分布图、贫困户脱贫动态图、增减挂钩易地扶贫搬迁作战图、土地整治就地脱贫作战图、地质灾害治理扶贫作战图、扶贫成效考核图、脱贫目标任务图；"八准"即对象识别准、居住现状准、致贫原因准、家庭收支准、扶贫措施准、扶贫监测准、脱贫成效准、空间定位准；"四精"即精确数据、精致底图、精准施策、精细管理。

六、重点平台，大数据行动中彰显价值

测绘地理信息在为贵州大数据快速发展方面奠定了坚实基础。贵州省于 2009 年 4 月正式启动数字城市地理空间框架建设（图 7-13），国土部门在贵阳市、遵义市、毕节市、安顺市、六盘水市、铜仁市、兴义市、凯里市、都匀市等地陆续开展了数字城市建设。2016 年数字贵阳地理空间框架建设、数字遵义地理空间框架建设两个国家试点项目的验收，标志着贵州省的数字城市建设工作取得突破性进展，为贵州省开展智慧城市时空信息云平台建设探索奠定了基础。

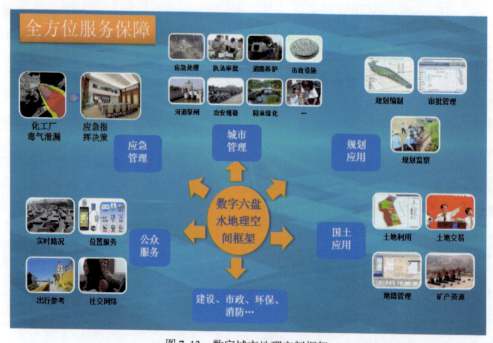

图 7-13 数字城市地理空间框架

2016 年以来随着贵州省国土资源大数据战略行动的实施，以地理空间信息为基础的贵州国土资源大数据建设框架得以初步构建，"国土资源云"建成并成为全国第一朵省级"国土资源云"。

数字城市建设、国土资源大数据战略行动的实施，为贵州空间大数据的发展奠定了坚实基础，为贵州省大数据战略行动的实施提供了支撑。

七、勇挑重担，为国家工程提供测绘保障

位于贵州省黔南州平塘县大窝凼的 500m 口径球面射电望远镜（five-hundred-meter aperture spherical radio telescope，FAST），是我国主导建设的世界上最大的单口径球面射电望远镜。这一国家重大科技基础设施的顺利建成并投入使用，得益于测绘地理信息技术的支撑保障。

该望远镜被誉为"中国天眼"，由我国天文学家于 1994 年提出构想，FAST 项目从规划选址到立项建成历时 22 年之久。FAST 台址的选择、FAST 台址坐标基准控制测量及高精度地形测绘、FAST 项目建设过程中的精密施工放样测量、FAST 施工过程的形变监测、FAST 台址的稳定性及周边环境监测等方面都充分应用了最新的测绘地理信息技术及成果。图 7-14 为 FAST 核心区高精度数字高程模型。

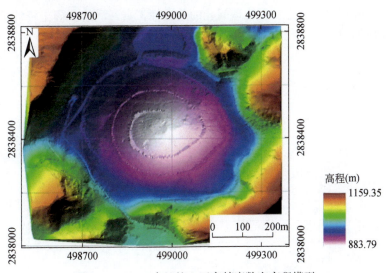

图 7-14　FAST 台址核心区高精度数字高程模型

贵州省国土部门在 FAST 项目建设过程中的坐标基准控制、高精度地形图测绘、台址稳定性监测等方面做了大量工作。例如，贵州省第一测绘院（贵州省北斗导航位置服务中心）技术团队利用基于星载合成孔径雷达差分干涉测量技术对 FAST 项目建成前后的台址稳定性进行了综合评估，获取了 FAST 台址地表形变信息，为 FAST 建设决策提供了参考，保障了 FAST 项目建设的顺利实施。中国科学院院士、中国工程院院士李德仁高度评价该

项工作"社会意义重大，达到国内领先，国际先进水平"。贵州省第一测绘院（贵州省北斗导航位置服务中心）作为第一完成单位，围绕FAST工程建设中的测绘与监测保障所做的开创性工作，充分发挥了测绘地理信息对重大工程建设的保障作用，荣获2017年国家测绘科技进步二等奖。

第四节　测绘地理信息与可持续发展

测绘是国民经济建设和社会发展基础性、前期性和公益性的工作，是准确掌握国情国力、提高管理决策水平的重要手段，其服务范围涉及与地理信息有关的国民经济和社会发展的各个领域和各个行业，并在各级政府决策、区域经济规划、国土资源开发利用与保护、农牧林业建设、水利建设、能源交通建设、环境保护等方面发挥重大作用。

一、测绘地理信息支撑国土资源管理

在人类社会经济可持续发展的时空过程中，人口、资源和环境三个基本要素既相互依存，又相互作用。随着我国经济社会的加速发展，资源短缺、环境污染和破坏等问题日益严重，极大地制约了我国经济社会的可持续发展，现代测绘作为空间信息服务的重要提供者，已经成为研究和解决国土资源管理问题的基础性工具，测绘在国土资源可持续发展中的支撑保障作用如图7-15所示，具体表现在以下几个方面。

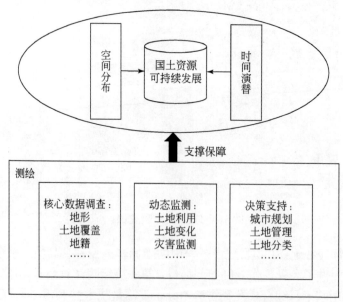

图7-15　测绘在国土资源可持续发展中的支撑保障作用

（1）提供国土资源可持续发展的基础数据

对自然资源和环境来说，需要的基础数据包括地籍、土地确权、土地利用、数字高程模型等，这些都是由测绘部门提供。全面掌握贵州省自然和地理要素的空间分布、主要特征等信息，对满足经济社会发展和生态文明建设的需要，提高地理国情信息对政府、企业和公众的服务能力都具有重要意义。

（2）国土资源可持续发展动态监测

贵州地处我国西南喀斯特地貌成熟发育的地区中心，近3/4土地面积上喀斯特地貌高度发育。据不完全统计，贵州水土流失面积已达43.5%，石漠化面积日益扩大；加之矿产资源的大量开发，全省矿业荒漠化土地逐年增加。土地资源的有限性且不可再生性及不可逆的变更使得土地资源可持续利用面临许多问题。了解本地区土地利用现状及其变化，可为贵州土地资源的保护及管理提供理论方法与科学依据。随着现代测绘技术的发展，以传感网监测、泛在网络传输、高性能计算等技术为基础的实时地理信息服务，将为国土资源可持续发展所需要的土地利用变化监测、自然灾害监测、灾害救助快速决策支持提供良好的技术支撑。

（3）建设空间决策支持系统

在向社会可持续发展提供基础数据和动态监测服务的基础上，通过建设专题空间决策支持系统，现代测绘还可为国家和政府的空间决策提供技术支持。

遥感技术（RS）、全球卫星导航系统（GNSS）和地理信息系统（GIS）是当今拉动我国国土资源管理工作有效开展的三驾马车，近年来，随着移动终端与移动互联信息技术的发展，贵州国土资源管理工作质量得到了有效提高。现将测绘地理信息技术在贵州国土资源管理中的应用进行总结。

（1）测绘地理信息在国土资源执法巡查中的应用

国土资源执法巡查是预防和及时制止国土资源违法行为发生的有效手段。随着现代测绘技术，特别是"3S"（GIS、GNSS、RS）技术、空间数据库、网络技术的迅猛发展，国土执法部门对信息的获取和利用能力大大增强，统一的网络化信息监管平台为国土资源信息化和现代化提供了有力支撑。

在贵州省国土资源厅的组织协调下，贵州省第一测绘院（贵州省北斗导航位置服务中心）针对省内国土资源巡查执法工作要求，开发了一个内外业一体化的国土资源执法巡查办公系统。该系统通过建立执法巡查基础信息数据库，将与国土资源执法巡查工作相关的土地信息进行整合，统一管理，使得执法人员能够全面掌握土地基本信息；通过使用厘米级北斗定位手持设备快速准确地描绘并记录违法用地行为，并与数据库进行比对分析，执法人员能够科学地确认违法违规行为，真正做到"走到、看到、测到、知道"，实现国土资源开发利用"天上看、网上管、地上查"的动态监管目标。

该系统目前已在贵州省国土资源执法巡查工作中进行了应用，实践证明该系统的应用明显减轻了工作人员外业执法巡查工作的强度，有效地提高了执法核查工作效率。

（2）测绘地理信息在国土资源调查中的应用

调查国土资源（土地资源、矿产资源等自然资源）状况与评价地质环境，是新一轮国土资源大调查的核心内容。在此过程中，无论是调查的实施还是调查成果的表达都离不开测绘地理信息技术。

在第三次全国土地调查工作中，贵州省充分利用已有的国土资源详查数据和图件及最新的高分辨率遥感影像，在全球定位系统和地理信息系统的支持下，对国土资源进行监测和调查，形成各地类空间分布的土地利用图及各种专题图，从而实现对土地资源的科学管理。相关工作有助于土地利用规划、耕地后备资源调查评价、农村集体土地产权调查、土地资源基础图件与数据更新等土地资源调查项目的顺利实施。

值得一提的是，在贵州省土地调查工作中，贵州省国土部门利用省北斗卫星导航定位基准站网的亚米级位置服务，开发了能实现土地变化信息快速采集、调绘及举证、同步数字化等功能的调绘软件，形成了内外业一体化的作业流程，在提高作业效率的同时保证了作业精度。

（3）测绘地理信息在土地分类中的应用

土地是人类赖以生存和发展的物质基础，是一种不可再生资源，土地利用是否合理直接关系着社会经济的发展。如何合理地配置现有的土地资源，使其满足经济、社会、环境等各方面的需求，已经成为摆在国土资源管理部门面前的一道难题。遥感技术具有高光谱分辨率、高空间分辨率、重访周期短等特点，在土地利用分类中显示出明显的优势，已在国内外得到了广泛应用。

贵州省国土部门在地形高差大、土地覆被结构复杂的云贵高原的应用证明，基于面向对象方法的多源遥感数据为复杂土地覆被自动分类研究提供了可能。

（4）测绘地理信息在国土资源应急保障中的应用

贵州省作为滑坡高发区，地质灾害易发，群众的生命财产安全受到严重的威胁。贵州省国土资源厅组织相关技术力量，运用多源遥感影像，辅以全省北斗卫星导航定位基准站网，及时获取被监测区域的形变情况，为及时疏导群众、减少人员伤亡提供了重要的决策信息。在此基础上，技术团队通过融入滑坡机理方面的专家知识，建设了"滑坡监测预警系统"示范工程，为建设"贵州数字滑坡"奠定重要基础，提高了贵州省国土部门的防灾减灾工作管理水平。

在现代科学技术飞速发展的时代浪潮中，我国测绘技术正处于发展的黄金时期。随着现代测绘技术，尤其是3S技术在国土系统中的优势应用，贵州省国土资源管理水平迎来了跨越式发展，测绘技术已经成为国土资源管理工作中不可缺少的重要手段，并将继续为国土资源管理服务。

二、测绘地理信息与贵州省可持续发展

测绘地理信息与贵州省可持续发展相辅相成。一方面，测绘地理信息为贵州省可持续发展提供技术支撑；另一方面，贵州省测绘界也积极汲取可持续发展的理念，注重自身的可持续发展。近年来，贵州省测绘界一直不断地更新思想观念，大力发展高新技术，积极培养高层次、复合型人才，贵州省测绘事业已逐步从传统基础测绘模式发展为"空天地"

一体化的信息化测绘模式，并正向空间大数据服务化和地理信息产业化方向发展。

1. 测绘基础设施与技术手段更新

自改革开放以来，测绘技术的发展主要经历了模拟测绘、数字测绘和信息化测绘3个阶段。在测绘时代的更迭演化进程中，它们相互关联、接续继承、不断发展，测绘技术的价值由传统模拟时代的劳务成本价值、数字化测绘体系的技术成果价值发展为信息化测绘体系的社会经济价值。近年来，随着互联网、云计算、大数据等现代信息技术的发展及相互渗透和集成，测绘地理信息技术将进入一个崭新的时期，测绘技术的价值也将由信息化测绘体系的社会经济价值上升为智能测绘体系下的知识服务价值。

测绘地理信息技术的不断发展、测绘地理信息服务领域的不断拓展、社会各部门对测绘地理信息服务需求的涌现，促使贵州测绘地理信息基础设施及技术手段服务不断升级更新。贵州在提升测绘地理信息保障能力建设、促进转型升级方面取得了长足的进步，如建成了覆盖全省的高精度时空基准，填补了贵州省空间大数据基础设施的空白；完成了首次全省地理国情普查，首次实现贵州省高分辨率卫星遥感影像全覆盖；首次开展了全省0.2m高分辨率航空影像获取工作；开展"多规合一"试点，推进多个数字城市建设；基于"互联网+"、大数据云计算技术，探索测绘地理信息新技术在社会综合治理方面的应用等。

贵州省国土部门充分应用GNSS、移动测量、无人机、载人直升机、机载激光雷达、机载合成孔径雷达、星载合成孔径雷达、倾斜摄影、航空摄影测量、卫星遥感等多源数据获取技术手段及装备，结合最新的地理信息系统技术及大数据云计算技术，初步构建了"空天地"一体化的高精度实时测绘体系，实现了从静态到动态、从地基到天基、从区域到全局的测绘基本保障能力。

贵州省测绘地理信息技术的升级发展，为"云上贵州"基础地理空间数据库建设、精准扶贫、交通水利等重大基础设施建设、新型城镇建设、自然资源利用与管理、不动产统一登记、智慧城市建设、大数据及地理信息产业发展等提供了有力的支撑保障。这对贯彻执行贵州省"大数据"、"大扶贫"及"大生态"战略的重要决策部署，促进贵州省经济建设和社会发展具有重要意义。

随着大数据时代的来临，地理信息数据正以前所未有的速度不断增长和积累，海量、多时态、多形态的地理空间数据对自动化处理、智能化处理提出了更高的要求。这需要贵州测绘继续开拓创新，进一步提高保障服务能力。一是进一步构建完善"空天地"一体化的高精度实时测绘体系，使测绘从室外拓展到室内、从被动式观测发展为智能观测，实现空间无缝的快速测图控制；二是实现多源传感器数据在时间、空间和光谱域的高精度同化和多层信息融合及传感网资源的网络化协同服务，为用户实时或准实时地提供更为准确的空间地理信息；三是利用大数据、云计算等先进信息技术构建数据资源池和计算资源池，实现多源异构时空地理数据的快速处理，基于机器学习和数据模型的知识发现与创新技术，实现测绘地理信息的知识服务与主动服务。

2. 测绘人才的开发与建设

测绘事业是国民经济和社会发展的重要组成部分，是推动国家信息化建设、促进经济社会可持续发展的基础保障和重要支撑。进入 21 世纪，测绘高新科技迅猛发展，卫星导航定位技术、遥感技术、地理信息系统技术等测绘高新技术在国民经济建设、国防建设和社会发展中发挥着越来越显著的作用。在新形势下，实施测绘人才战略，加强测绘人才资源开发，为测绘事业发展提供人才支撑，成为摆在贵州省测绘行业各级领导和人事部门面前的一个重大课题。

21 世纪的竞争归根结底是人才资源的竞争，人才流动将更加频繁，贵州省测绘类高校与科研院所数量不足，本土人才紧缺，且对外来人才吸引力不足，其测绘单位人才建设工作形势严峻。在国家有关测绘地理信息人才发展规划指引下，贵州省各测绘单位高度重视人才建设工作，采取了一系列措施做好人才的引进与储备工作，如加大投资，制定优惠政策，努力营造用好人才、留住人才、吸引人才的良好环境，积极引进硕士、博士研究生等高层次技术开发人才；继续选送优秀人才出国培训、到国内重点院校培训，继续办好贵州省测绘学会与国内高校联合举办的研究生进修班，培养现有人才；根据工作需要，本着不求所有、但求所用的原则，采用项目合作、聘请顾问、短期聘任等方式，引进人才智力资源，努力建成贵州省测绘人才高地。

3. 完成测绘技术到测绘地理信息产业的转变

2017 年 12 月，全国测绘地理信息工作会议在发展方向、谋篇布局方面指出，我国测绘已由生产型测绘向服务型测绘转变；由事业型测绘向管理型测绘转变；由主要依靠政府推动发展向依靠政府和市场两种力量推动发展转变；由单一地图及地理信息数据服务向网络化综合性的地理信息服务转变。测绘地理信息工作与政府管理决策、企业生产运营、人民群众生活的联系更加紧密，各方面对测绘地理信息服务保障的需求更加旺盛，测绘地理信息的内涵开始转型升级，确立了"加强基础测绘，监测地理国情，强化公共服务，壮大地信产业，维护国家安全，建设测绘强国"的发展战略。

第八章 贵州省国土资源事业可持续发展保障体系

第一节 国土资源事业可持续发展保障体系框架

全面系统、科学合理和组织有力的保障体系是支撑国土资源事业可持续发展，实施和落实土地、能矿资源、地质环境、测绘与地理信息等各项国土资源战略行动和举措的基础。国土资源可持续发展保障体系是一个复杂的系统工程，涉及国土资源规划、法律法规、标准规范、科技创新、人才队伍及资金投入等多个要素。这些要素相互影响又相互制约，共同构成了国土资源事业可持续发展保障体系框架（图8-1）。

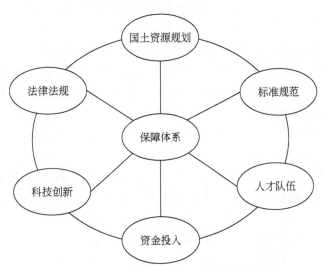

图 8-1 国土资源事业可持续发展保障体系框架

国土资源规划是以国土资源禀赋及其地域空间特征为基础来确定国土开发格局、开发利用强度和速度的规划，是国民经济和社会发展长远计划的重要依据之一，更是直接指导国土资源开发、利用与保护的基础工作。因此，规划是国土资源事业可持续发展的纲领和顶层指导。

法律法规是国土资源事业可持续发展的制度基础。通过法律法规、管理条例等，确立和维护土地（不动产登记）、矿产资源、地质环境、测绘等各类国土资源审批管理、执法监管等工作的合法地位与权威，才能保障国土资源管理依法有序的实施。

标准规范是国土资源事业可持续发展的技术指导与约束。通过标准规范和技术规程，为各类国土资源调查、勘探、开发利用、保护治理及审批管理、质量评价等提供统一的技术要求与约定，确保各类国土资源工作成果与数据资料可以比对、交换与共享。

科技创新是国土资源事业可持续发展的理论方法基础。通过土地资源、地质矿产及环境地质等领域的理论创新和遥感卫星、全球导航定位、地理信息系统、现代测绘等技术创新，推进国土资源节约、高效利用与治理保护，提升国土资源监管和保障服务能力。

人才队伍是国土资源事业可持续发展的第一资源和生产力。通过人才评价激励机制的优化，创新基地和团队的建设，以及领军人才、优秀青年人才的培养与引进，形成一支扎根国土的科研与工程技术队伍，为国土资源事业可持续发展提供人才支撑和智力支持。

资金投入是国土资源事业可持续发展的重要保障。通过政府主导、企业为主体、社会参与的多元投入机制，在提升资金使用效益的基础上，确保资金使用安全，保障国土资源各项工作的顺利开展。

第二节　国土资源规划保障

一、国土资源规划现状

我国国土资源规划起始于 20 世纪 80 年代的《京津唐地区国土规划纲要》，1987 年，《国土规划编制办法》经国务院批准正式实施。随后全国各省市陆续编制了各省区市的国土资源规划及部分跨省区的规划，各专业性国土资源规划相继出台（王玉平等，1999），如《1997—2010 年全国土地利用总体规划纲要》、《全国矿产资源规划（2008—2015年)》、《全国土地利用总体规划纲要（2006—2020 年)》、《全国矿产资源规划（2016—2020 年)》和《地质灾害防治工作规划纲要（2001—2015 年)》等。2017 年 1 月国务院印发了《全国国土规划纲要（2016—2030 年)》，这是我国首个国土空间开发与保护的战略性、综合性、基础性规划，对涉及国土空间开发、保护、整治的各类活动具有指导和管控作用。

过去十年，面向贵州省社会经济发展实际情况，依据上述国家层面的有关规划，贵州省也制定了一系列国土资源规划，初步形成了贵州省国土资源规划体系。这些规划既有省级土地、矿产资源与地质灾害防治等专业规划：《贵州省土地利用总体规划（2006—2020年)》、《贵州省土地利用总体规划（2006—2020 年）调整方案》、《贵州省矿产资源总体规划（2016—2020 年)》和《贵州省地质灾害防治规划（2006—2015 年)》等；也有专项、单一矿种和地方规划：《贵州省山地特色新型城镇化规划（2016—2020 年)》、《贵州省易地扶贫搬迁工程实施规划（2016—2020 年)》、《贵州省产业集聚区土地利用专项规划(2011—2020 年)》、《贵州省重晶石资源勘查与开发规划（2011—2015 年)》、《贵州省镍钼钒矿资源勘查与开发规划（2011—2015 年)》、《贵州省铝土矿资源勘查与开发规划(2011—2015 年)》、《贵州省金矿产资源勘查与开发规划（2004—2015 年)》、《贵州省地下热水资源勘查开发规划（2008—2015 年）》等。通过上述规划，贵州省对国土资源进行了严格、科学的管控，国土开发格局得到了进一步优化、国土开发质量得到了进一步提高，国土开发秩序得到了进一步规范。

二、国土资源规划发展战略

国土资源规划是适应国民经济和社会发展需要对未来一定时期国土资源数量、种类、结构、效率和空间的开发、利用和保护做出的科学安排，既包括总体规划，也包括各类专项规划。不同层次国土资源规划的作用、影响范围不同，其执行主体、利益及愿景的侧重点也有差别。因此，未来贵州国土资源规划发展的重点在以下三个方面。

1. 编制贵州省国土规划纲要

贵州省尽管已经制定了一系列的国土资源规划，但这些规划主要还是单一资源或专项规划，还缺乏一个综合性国土资源规划。综合性国土资源规划具有系统性、整体性、战略性、综合性特点，始终将国土资源作为一个整体来对待，从全局着眼，照顾到整体利益（王玉平和齐亚彬，1999）。综合性国土资源规划把国土资源开发与保护作为出发点与归宿，对国土空间开发、资源环境保护、国土综合整治和保障体系建设做出总体的部署与统筹安排。

贵州省应按照《全国国土规划纲要（2016—2030 年）》要求，以构建"安全、和谐、开放、协调、富有竞争力和可持续发展的美丽国土"为总体目标，按照"百姓富、生态美"的多彩贵州新未来的宏伟蓝图，在国土资源可持续发展战略研究的基础上，编制面向贵州省社会经济中长期发展的贵州省国土规划纲要。

通过贵州省国土规划纲要，全面协调和统筹推进国土集聚开发、分类保护、综合整治和区域联动发展的主要任务。通过综合规划，优化国土开发格局、提升国土开发质量、规范国土开发秩序；优化生产、生活、生态空间，推进生态文明建设；强化国土空间用途管制，设置"生存线"严格保护耕地和水资源，设置"生态线"将用途管制扩大到所有自然生态空间，设置"保障线"保障经济社会发展必要的建设用地、能源和重要矿产资源安全。

2. 推进多规合一，完善空间规划体系

不同规划的定位、目标、期限、内容及规划采用的技术标准、数据基础、实施主体和手段等方面存在明显的差异，部门间尚未达成共识、共享平台缺乏等，导致各种规划中涉及空间布局、资源配置、利用管控等方面存在不协调、不一致，甚至相互矛盾和冲突的问题，严重影响规划的实施和成效（刘彦随和王介勇，2016；严金明等，2017）。因此，"多规合一"受到了各级政府和学术界的广泛关注，推进"多规合一"，构建空间规划体系，已经成为推进国家治理能力和治理体系现代化，助力生态文明建设和新型城镇化的重要举措。

在 2013 年 12 月中央城镇化工作会议上，习近平总书记强调："在县市通过探索经济社会发展、城乡、土地利用规划的'三规合一'或'多规合一'，形成一个县市一本规划、一张蓝图，持之以恒加以落实"。2014 年 3 月，《国家新型城镇化规划（2014—2020年)》明确提出：推动有条件地区的经济社会发展总体规划、城市规划、土地利用规划等"多规合一"。2014 年 4 月，国务院《关于 2014 年深化经济体制改革重点任务的意见》（国发〔2014〕18 号）要求，推动经济社会发展规划、土地利用规划、城乡发展规划、生态环境保护规划等"多规合一"。2016 年 10 月，习近平总书记在中央全面深化改革领导小组第二十八次会议上发表重要讲话，强调开展省级空间规划试点，为实现"多规合一"，建立健全国土空间开发保护制度积累经验。

"多规合一"的内在需求在于任何生产生活离不开国土空间资源，国土空间资源是各类规划的基础，而这些规划对同一国土空间资源有着开发利用的共同取向，这就极易产生不同用途间的竞争和矛盾冲突（樊杰，2017），其科学性来自特定地域功能性及其发展系统性，遵循人地交互协同规律性，以及不同区域尺度的功能承接性（刘彦随和王介勇，2016）。因此，规划本身具有独特的空间层级性，"多规合一"的基本职能决定了"一"不应是一个规划，而应是一个总分有序、层级清晰、职能精准的规划体系（刘彦随和王介勇，2016）。

为此，贵州省应以贵州省国土规划纲要和《自然生态空间用途管制办法（试行)》为指导，在全面摸清国土空间本底条件的基础上，开展资源环境承载力和国土空间适宜性评价，科学甄别区域主体功能、主导功能、主要功能，系统开展区域功能分区（划定生产、生态、生活"三生"空间）、用途分类（主要用地类型规划布局）、管控分级（开发建设管控序次与级别），探索构建地域空间规划逻辑框架，在贵州省"国土资源云"的基础上，构建支撑"多规合一"的国土空间基础信息平台，完善贵州省空间规划体系。

3. 加强规划实施和督查

规划的指导作用在于落实，而其重点则是实施、监督及检查。

一是要坚持底线思维，狠抓规划落实工作。开展生态保护红线勘界定标和环境功能区划工作，在生态保护红线内严禁不符合主体功能定位、土地利用总体规划、城乡规划的各类开发活动，严禁任意改变用途，确保生态保护红线功能不降低、面积不减少、性质不改变，建立健全严守生态保护红线的执法监督、考核评价、监测监管和责任追究等制度。坚持最严格耕地保护制度，全面划定永久基本农田并实行特殊保护，任何单位和个人不得擅自占用或改变用途。

二是要制定规划实施方案。要统一思想，提高对规划作用的认识。要以国土资源部门为主导，相关职能部门相互配合，积极开展部门之间的协调与沟通，把规划的实施作为相关部门的工作重点，切实制定和落实规划的实施方案，并通过人、财、物的合理调配，全面落实规划的各项目标和任务，为国土资源空间规划的全面实施和尽快取得成效创造条件。

三是要全面开展规划实施的督查工作。要将规划的目标、任务进行科学的层层分解，建立监督及检查的阶段性目标责任制，实行监督任务到人，责任到人，并进行定期检查和目标考核，强化目标的约束力，提高规划实施的责任意识，为规划的顺利实施提供保障。

　　四是要对规划的实施效果进行定期评估。要定期组织由相关部门、领导和专家共同组成的专班对规划的实施效果、进度情况进行全面的评估，着力解决规划实施过程中存在的问题和不足，督促和检查规划的实施进度，提出改进意见，提高规划实施的执行效率。

第三节　政策与标准保障

一、政策与标准现状

1. 国土资源法律法规现状

　　国土资源法律法规政策用来规范与调整在国土资源利用和保护中所产生的各种社会关系和行为规范，由我国现行的有关国土资源管理的法律、法规、规章和其他规范性文件组成。按照效力等级，国土资源法律体系包括宪法、法律、行政法规、地方性法规、规章、最高人民法院的司法解释和其他规范性文件。

　　宪法是制定有关国土资源法律、法规和规章的根本依据，国土资源立法要受宪法的指导，其他一切法律、法规不得同它相抵触。国土资源法律主要包括《中华人民共和国土地管理法》（1986 年制定，2004 年最新修正）、《中华人民共和国城市房地产管理法》（1995年施行，2007 年修正）、《中华人民共和国矿产资源法》（1986 年施行，2009 年第二次修正）、《中华人民共和国测绘法》（2002 年颁布施行，2017 年第二次修正）。

　　法律的下一个层级是行政法规，以国务院令的形式发布，比较重要的国土资源行政法规主要包括《中华人民共和国土地管理法实施条例》、《基本农田保护条例》、《中华人民共和国城镇国有土地使用权出让和转让暂行条例》、《村庄和集镇规划建设管理条例》、《中华人民共和国矿产资源法实施细则》、《矿产资源补偿费征收管理规定》、《探矿权采矿权转让管理办法》、《矿产资源开采登记管理办法》、《矿产资源勘查区块登记管理办法》、《矿产资源监督管理暂行办法》、《地质灾害防治条例》、《测量标志保护条例》、《基础测绘条例》、《中华人民共和国测绘成果管理规定》和《中华人民共和国地图编制出版管理条例》等。

　　行政法规的下一个层次是地方性法规和部门规章。贵州省国土资源有关的地方性法规主要包括《贵州省矿产资源监督检查条例》、《贵州省土地整治条例》和《贵州省测绘条例》等。国土资源部发布的部门规章主要包括《招标拍卖挂牌出让国有建设用地使用权规定》、《土地权属争议调查处理办法》、《建设用地审查报批管理办法》、《闲置土地处置办法》、《土地复垦条例实施办法》、《不动产登记暂行条例》、《矿产储量评估师执业资格制度暂行规定》、《地质灾害防治管理办法》、《地质勘查资质注册登记办法》、《地质遗迹保护管理规定》、《地质资料管理条例》和《测绘资质管理规定》等。

贵州省国土资源厅发布的有关规章制度主要包括《贵州省房产测绘管理实施细则》、《贵州省国土资源厅关于改革土地开发整理项目管理的意见》、《贵州省土地开发整理项目工程标准（暂行）》、《贵州省土地开发整理项目验收办法（试行）》、《贵州省土地开发整理管理规定》、《关于进一步加强矿业权管理的意见》、《贵州省全民所有自然资源资产有偿使用制度改革试点实施方案》、《贵州省国土资源厅关于规范矿业权转让行为的通知》和《贵州省国土资源厅关于非法采矿和破坏性采矿造成矿产资源破坏的价值鉴定暂行办法》等。

2. 国土资源标准规范现状

标准是国土资源调查勘查、开采利用、审批监管、治理保护等的技术指导。围绕耕地资源保护、节约集约利用土地、不动产统一登记、高标准农田建设、地质调查与评价、地质环境保护与地质灾害防治，以及测绘、地理信息等重点工作，我国已经发布实施了一批国土资源和测绘地理信息重要标准。截至 2015 年底，国土资源领域现行有效标准有 541 项，其中，国家标准有 167 项，行业标准有 374 项，基本覆盖了土地资源、地质矿产、地质灾害防治主要专业领域，为国土资源各项工作开展提供了有力的技术支撑；测绘地理信息标准包括国家标准 114 项、行业标准 140 项、计量检定规程 6 项、地方标准 50 余项。

国土资源标准从内容上分为综合、土地、地质、矿产资源、海洋、测绘等专业领域的标准[1]。国土资源综合标准分为不动产登记、自然资源资产管理、国土空间规划、国土资源信息化标准；土地标准分为土地调查、评价、规划、利用、保护、整治和监测监管标准；地质标准分为区域地质调查、海洋地质、水工环灾地质、勘查技术方法、地质实验测试技术、地质资料管理与服务标准；矿产资源标准分为矿产资源调查评价、规划、勘查及资源储量、开发利用、矿山地质环境保护与治理标准。

测绘地理信息标准包括通用类、数据资源类、应用服务类、环境与工具类、管理类、专业类及专项类标准。通用类标准包括参考模型、空间基准与参照系、术语语义与本体、空间模式、时间模式、概念模式语言和一致性测试标准；数据资源类标准包括数据内容、数据字典、元数据、编目、数据获取、数据处理和数据更新标准；应用服务类标准包括服务、产品、可视化与表达、信息交换、公共平台、分发与提供类标准；环境与工具类标准包括设备环境、软件、仪器检测、方法类标准；管理类标准包括安全与保密、质量、测试与评价、技术文档、存储与归档标准；专业类标准包括土地、水利、海洋、农业、生态与环境、公安、地震、气象、地质与矿产等领域地理信息标准；专项类标准包括电子政务、智慧城市、位置导航、公共安全与应急等专项地理信息标准。

围绕土地资源调查与监管、地质调查、矿产勘查开采、矿山储量动态监管、地质环境保护、国土资源信息化等领域，贵州省也制定了一系列的地方技术标准规范。近 5 年制定的技术标准主要包括《贵州省黑色岩系钼镍钒矿地质勘查技术要求》、《贵州省重要城镇

---

① 参照国土资源部印发的 2016 年版《国土资源标准体系》和全国地理信息标准化技术委员会组织编制的 2017 年版《国家地理信息标准体系》。

地质灾害调查与风险区划（1∶5000～1∶10 000）技术导则》、《金银珠宝玉石饰品标识规定》、《煤矿在用瓦斯抽放泵（站）检测检验规范》、《贵州省高标准基本农田建设标准》、《贵州省土地整治工程建设标准》、《贵州省国土资源数据共享标准》、《煤层气水力无杆泵井操作规程》、《煤层气井埋泵解卡作业安全技术规范》和《炭质页岩中多金属元素的测定》等。

二、政策与标准发展战略

法律法规与技术标准是保障国土资源科学、有序、高效管理的制度与技术基础。贵州省在全面贯彻、落实现有法律法规与技术标准的同时，应按"国有自然资源资产管理"、"自然生态监管"和"放管服"等的要求，加大国土资源管理体制机制的改革，进一步健全地方行政法规、规章制度，针对新兴技术与热点应用加快技术标准的研究、宣贯与应用。

1. 改革国土资源管理体制机制

当前国土资源改革总体趋势是：管理模式上向综合型和协调型转换、管理职能上向透明型和服务型政府转换、管理方式上向贴近宏观经济和社会发展转变、管理手段上向政府调控和市场配置型相结合转变、管理理念上向资源资产资本三位一体转变（邓锋等，2011）。

党的十九大报告强调坚持人与自然和谐共生，统筹山水林田湖草系统治理，坚持节约优先、保护优先、自然恢复为主的方针，形成节约资源和保护环境的空间格局、产业结构、生产方式、生活方式；加强生态文明建设的总体设计和组织领导，设立国有自然资源资产管理和自然生态监管机构，完善生态环境管理制度，统一行使全民所有自然资源资产所有者职责，统一行使所有国土空间用途管制和生态保护修复职责；构建国土空间开发保护制度，完善主体功能区配套政策，建立以国家公园为主体的自然保护地体系。

因此，未来贵州省国土资源管理体制机制的改革应按照国土资源管理本身的发展规律及党的十九大报告的要求，重点做好以下工作。

（1）转变国土资源管理方式

一是要以标准管理来规范和约束国土资源生产者、经营者和管理者的行为。国土资源管理部门要通过对国土资源分布、开发、利用全过程和环节管理技术标准的制订和修订，形成科学、完整和规范的行业技术管理标准体系，达到用技术标准来规范和约束市场主体和管理者行为的目的，逐步形成有利于国土资源高效开发利用的发展环境和管理环境，减少和杜绝人为因素对国土资源管理的不利影响，为有效地提高国土资源的管理水平和效率提供制度保障。

二是要以国土资产和资本管理为契机全面加强国土资源管理的能力建设。要以国土资源资产和资本账户建设为重点，以互联网技术和遥感等现代技术手段为支撑，以国土资源云为平台，建立和完善国土资源资产和资本账户及数据库，通过对国土资源资产和资本的动态监督和管理能力的建设，完善管理制度，全面提高国土资源的管理能力。

三是要主动参与宏观经济决策。要充分发挥国土资源在守住发展和生态两条底线中的独特作用，并通过国土资源供给侧结构性改革，利用市场手段和工具，主动参与宏观经济决策，调控宏观经济，引领地区产业结构调整和经济发展方式转变，为满足国民经济和社会发展对国土资源的需要提供更多、更好的服务和支持，以实现国土资源管理方式的根本转变，引导国民经济和社会健康、快速和可持续发展。

四是要调整国土资源管理功能。要通过管理方式的变革带动国土资源管理功能的调整，从而为倒逼国土资源管理体制和运行机制改革营造良好的环境，并提供有力的支撑。要主动适应国土资源管理方式和功能调整的需要，积极开展国土资源管理体制改革，完善管理制度和法律，发挥市场在国土资源配置中的主导作用，形成与市场经济体制相一致，满足经济社会发展要求的管理体制和运行机制。

（2）落实不动产统一登记和管理制度

一是要全面建立不动产统一登记制度。要全面完成国土资源等不动产的分布、数量、质量、特征、开发利用情况和所有人等动态资料和信息的收集、处理和登记工作，在确权的基础上利用现代信息技术和手段全面建立不动产登记制度，并建账立户，使国土资源等不动产资料完整，信息准确、动态和及时，管理规范，制度健全，全面提高对不动产的管理水平和质量，为规范不动产的管理和后续开发利用提供制度保障。

二是要建立区域性国土资源交易市场。要建立以矿业权市场，大宗矿产品和农副产品期货交易市场，土地、林地和水域等一级市场和不动产产权交易市场为主要内容的区域性或地区性国土资源交易市场体系，规范市场行为，完备信息、完善管理制度，并使其纳入国家的市场体系之中，形成对国家国土资源交易市场体系的重要补充和支撑。

三是要建立符合市场经济体制要求的不动产管理制度体系。要以不动产统一登记制度建设为契机，全面加强不动产制度建设，形成以不动产登记、交易、市场建设、处置和管理为主要内容、符合市场经济体制要求的不动产管理制度和法律体系。

（3）完善自然资源资产管理体系

一是要完善自然资源的产权登记体系。要通过对自然资源产权人，自然资源数量、质量、分布和特征等情况的登记、确权和产权证的发放，全面建立不动产产权登记制度，形成以自然资源为主体、有利于自然资源交易的产权登记体系，为自然资源产权改革的进一步深化提供基础和条件。

二是要完善自然资源的交易体系。就是要全面完善以矿业权市场、大宗矿产品和农副产品交易为主体，以土地、林地和水域等交易为支撑的自然资源市场管理体制和运行机制，形成有利于自然资源市场健康发展的市场环境和政策环境；要全面建立以自然资源登记制度为基础，以自然资源产权交易市场为支撑的自然资源市场体系和市场交易体系。

三是要完善自然资源管理的制度保障体系。要建立和形成自然资源动态管理制度、交易制度、权益保护制度、开发利用制度等，为自然资源的市场化改革提供制度保障和法律支持，并切实体现对产权人权益的保护，促进自然资源的高效开发和利用。

四是要深入推进矿产资源配置体制改革。要健全矿业权分级、分类出让和有偿占用制度，完善矿产资源市场化配置交易规则，实施战略性、重要矿产资源储备登记制度和矿业权人勘查、开采信息公示制度，开展探明储量的矿产资源确权登记的路径和方法研究。在矿业权配置改革和资源开发中，注重将矿业权出让与产业科学发展、生态环境保护和地方、群众增收统筹起来，促进资源科学、高效和有序开发利用。

2. 完善地方行政法规与规章制度

一是要进一步制订和完善适应经济社会发展新形势和新任务要求的贵州省地方法律和法规。根据贵州省在国家的国土资源开发利用定位为契机，在全面调查的基础上，突出区域特色和差异性，制订和完善如《贵州省国土资源开发利用条例》《贵州省新资源开发利用条例》等一批地区法律法规，并与国家相关法律法规配套，共同指导贵州省国土资源开发利用和管理工作，以达到利用法律来规范和约束市场主体的行为，促进国土资源开发利用工作顺利进行的目的，减少行政干预市场主体的行为。同时，要结合贵州省大扶贫、大数据和大生态等战略的要求，对现有法律中关于生态环境问题的约束和规范进一步严格，提高其违法成本，为经济社会的可持续发展提供法律保障。

二是要进一步建立和完善与经济社会发展新形势和新任务要求相适应的国土资源管理制度。在经过充分的调研、科学的论证和严格评审的基础上要积极探索将《贵州省土地利用总体规划》及相关规划等制度化、法律化，以减少人为因素对规划实施的干预和影响，使规划真正体现其引领国土资源开发利用和国民经济及社会发展的重要作用。第一，加强对国土资源开发利用全过程的监管制度。广义的国土资源包含土地、矿产资源、水域、湿地和林地等，其内容丰富、领域广泛，开发利用技术不同，管理难度大。要完善国土资源开发利用全过程监管制度。要以国土资源开发利用是否有利于生态环境保护、是否有利于可持续发展为出发点，在开发中保护环境，在保护中开发国土资源，完善国土资源勘察、勘探、开发、利用等环节上的制度。形成有利于国土资源综合开发利用、生态环境保护和符合市场经济体制要求的国土资源监督和管理制度体系。第二，建立国土资源督管责任制。进一步落实督察和管理责任，建立和落实以国土资源管护、巡查和生态环境保护为主要内容的目标责任制，落实管理责任，明确管理目标，把最严格的耕地保护制度和节约集约用地制度落到实处。切实履行主管责任，创新执法监管手段，依法行政，依法执政，通过警示约谈、公开曝光、挂牌督办、限期整改、暂停受理审批等途径，加大对违法用地、违法开采矿产资源的查处力度，全面提高依法行政的执行力，规范和维护国土资源市场秩序，提高执法能力和监管水平，实现国土资源有序开发利用。

三是要按照"放管服"的要求，加快行政审批改革。第一，完善以省级国土资源部门为主体的矿业权、土地等国土资源开发利用审批制度。强化省级国土资源部门对国土资源开发利用的统一管理和审批就是要加强对区域内国土资源开发利用的宏观调控能力，形成对地方政府的制约和监督，协调区域国土资源开发利用的力度、强度和节奏，促进国土资源的有序开发和利用。其重点是要在明晰产权、建立产权登记制度的基础上，进一步发挥市场在资源配置中的决定性作用，完善矿业权和土地流转的招拍挂制度和市场建设，为国民经济和社会发展提供国土资源保障，充分体现市场的决定权。同时，要对国土资源用途管制等措施的使用，发挥政府的作用。第二，在对国土资源进行分级和分类的基础上建立国土资源分级和分类管理制度。根据国民经济和社会发展对国土资源的需求、影响及国土资源的数量对国土资源进行分级和分类，加强对重要和战略性矿产品的管理，着力解决其供给问题，为国土资源安全供给提供保障。第三，将部分不涉及国计民生的国土资源改审批制为备案制，简化管理流程，提高办事效率。国土行政审批制度改革的重点是要通过改革进一步简化办事和管理流程，提高办事效率。将国土资源按照商业性和公益性进行划分，对属于商业性的国土资源，可利用市场的手段，充分发挥市场在资源配置中的决定性作用，以提高国土资源开发利用的效率，并改审批制为备案制，减少办事环节，简化管理流程，提高办事效率，节约管理成本，提高企业的竞争力；凡属于公益性的国土资源，就必须由政府来主导，并仍然实行审批制，但必须严格审批程序，分清责任主体，建立权利清单，完善管理制度。

3. 加快技术标准的研制应用

一是加强国标、行标的宣贯与应用。加强国土资源、测绘与地理信息相关国标、行标的宣传培训，在国土资源调查勘察、开采利用、保护整治，以及国土资源信息化、测绘与地理信息系统建设过程中全面遵循和利用国标、行标。通过标准规范的应用，提升和控制国土资源开发利用与整治保护的规范性与科学性，统一数据信息标准与接口，保障数据的集成交换与共享。

二是面向新技术、新应用加强标准规范创新研究与编制。加强国土资源标准规范研制人才培养。面向国土资源大数据、云计算、全球导航、遥感与地理信息等新技术，自然资源资产管理、不动产登记、精准扶贫等新应用，以及国土资源信息安全与开发利用等，开展新技术、新应用标准规范的创新研究，编制新应用需求和符合新技术特点的标准规范，不断丰富和完善国土资源、测绘与地理信息标准规范体系。

三是加强标准规范执行和应用的监督。标准的最终目的和生命力在应用。全面开展国土资源开发利用与整治保护、信息化建设中强制性标准应用情况的检查与督导，鼓励和引导推荐性标准的应用。

第四节　科技创新与人才保障

一、科技创新与人才现状

1. 贵州国土资源管理科技创新现状

过去十年，围绕国土资源中心工作，贵州省不断加强国土资源科技创新工作，在土地规划与调查监测、地质找矿与新能源勘查、地质灾害防治和地质环境保护、国土资源信息化等方面，突破传统思路，大胆创新、合作创新、引进创新，取得了一系列科技创新成果。

（1）土地资源管理创新与应用

一是深化改革彰显活力。全面推行耕作层剥离利用，形成具有贵州特色的多元化耕地保护新格局；耕地保护取得新成效，对坝区耕地实施最严格的保护措施，实行"六个严禁""三个不能"，即严禁以调整土地利用总体规划为由改变五千亩以上坝区耕地用途，严禁在五千亩以上坝区设立城市新区和各类开发区、园区，严禁地方城市干道等线性工程通过五千亩以上坝区核心区，严禁在五千亩以上坝区耕地范围批准宅基地，严禁扩大五千亩以上坝区范围内现有建设用地规模，严禁在五千亩以上坝区开展有损农业综合生产能力的活动；不能占用万亩大坝、原则不能占用五千亩以上大坝、不能占用千亩坝子核心区。深入开展湄潭县农村集体经营性建设用地入市国家试点，因地制宜，发展土地适度规模经营，培育壮大新型农业经营主体，引导农户将土地承包经营权通过出租、入股等方式流入新型农业经营主体，提高农业管理效率与经营效益，推动农民转移就业。

二是创新土地利用方式，实施"向山要地"工程，将低丘缓坡荒滩未利用地综合开发利用（"向山要地"工程）写入《国务院关于进一步促进贵州经济社会又好又快发展的若干意见》（国发〔2012〕2号）文件，成为全国首批试点省份之一；实施城乡统筹增减挂钩试点、工矿废弃地复垦利用试点，通过增减挂钩试点政策的实施，筹集、盘活社会资金。

（2）地质找矿与新能源勘查

启动地质找矿突破、页岩气勘查及资源评价关键技术体系与应用等重大项目，加强新理论、新技术、新方法、新装备在地质找矿和新能源勘查中的推广和应用，集成地质、物探、化探、遥感、钻探等多种技术，大幅度提高勘查效率，降低勘探成本，缩短勘探周期，为地质找矿和新能源勘查提供新的理论模式和有力的技术支撑。

在锰、铝、磷等重要矿种和页岩气等新能源勘查中取得了重大创新性认识：

1）提出了黔东地区古天然气渗漏系统形成锰矿的成矿模式和找矿模型，实现了铜仁松桃地区锰矿重大突破，新发现道坨、普觉等4个世界级超大型锰矿床。

2）创建了风化淋滤作用下多期沉积的务（川）-正（安）-道（真）铝土矿成矿模式，圈定铝土矿体77个，其中，超大型矿体2个、大型矿体11个。

3）突破传统生物成因理论，提出了开阳地区磷矿海相热水沉积成矿模式，新增磷矿资源量4.3亿t。

4）突破传统找油气思路，创立了贵州古生界页岩"生储并举"和页岩气-天然气"有序聚集"的一体化找气思路及页岩气地质理论框架，创建了"贵州复杂地质构造区页岩气有利区优选标准与资源潜力评价方法"等5套关键技术体系，提出了页岩气既可独立成藏，又可在邻层形成致密砂岩气、灰岩裂缝气、常规圈闭气及其他多类型天然气聚集的看法，提出了以页岩气为主的多类型天然气富集模式。

系统测算了贵州页岩气地质资源量（约为13.54万亿 m^3），确立了全国第三的地位。正安页岩气综合勘查示范区获1000亿 m^3 级高产大气田，岑巩天星1井在海相沉积岩牛蹄塘层系中首次点火成功，且持续点火时间最长；丁山井获最大初始产量为10.5万 m^3/d，平均日产商业气流为 2.3 万 m³ 等。

"贵州省岩溶区地下水及地质环境"获 2012 年国土资源科学技术奖二等奖，"黔东地区南华纪锰矿成矿系统与深部找矿重大突破"获得 2015 年国土资源科学技术奖一等奖。

（3）地质灾害防治和地质环境保护创新应用

过去十年，贵州省大力加强地质灾害调查评价、监测预警、综合防治和地质环境开发利用、保护与恢复治理等技术方法，加强地质灾害实时监测、短期预报、快速响应等环节的关键技术攻关，开展矿山地质环境基础理论及调查、监测、预测预报技术研究。

贵州省在全国率先启动并完成了"地质灾害监测预警与决策支持平台建设和应用"项目，在全面掌握全省地质灾害类型、规模、危险性和分布特征的基础上，进行了地质灾害调查评价理论研究，建立了基于稳定性主控结构的崩塌滑坡灾害成灾模式分类体系、隐蔽性崩塌滑坡早期识别指标体系和识别图谱等；开展了重点地质灾害隐患点的自动化专业监测，搭建了以地质灾害灾情信息采集系统为基础的地质灾害监测预警与决策支持平台，实现了部、省、市、县四级应对突发性地质灾害的互联互动、同步会商、共同决策、统一指挥。

（4）国土资源信息化与测绘地理信息创新及应用

充分利用大数据、云计算、互联网+、移动互联网、地理信息、遥感、全球导航定位等现代化信息技术和方法，推动国土资源电子政务、国土资源"一张图"、"国土资源云"等基础平台的创新建设和应用。

购置了轻型直升机低空数字航空摄影系统、地面移动应急监测车采集系统、无人机系统及地面三维激光扫描仪等测绘技术装备，极大地提高了全省测绘与地理信息的获取与更新能力。

通过"分建、共享"的模式，采用地理信息服务聚合等技术方法，建设了全省统一的国土资源"一张图"，促进了国土资源管理的"三大转变"，即"以数管理"向"一张图"管地管矿防地灾转变、单纯的国土资源信息逐级汇总向动态更新转变、重审批向重监管和创新服务的转变。

利用云计算、大数据等技术，采用"一云两中心"互补建设模式，以"一张图"平台为基础，基于"云上贵州"和国土资源专网，在全国范围内率先构建了省-市-县-乡四级互联互通、大数据集中、全省统一的"国土资源云"。在此基础上，构建了全省统一的国土资源执法监察监管系统、不动产登记系统等一批重大应用系统。

利用 3S 集成技术，建成适宜多种终端设备使用的国土资源执法监察监管系统，实现了国土资源执法内业、外业无缝集成，省-市-县-乡四级一体化的集约建设与创新应用。自主发展了高精度遥感变化信息提取、多人协同矢量化和基于语义的网络信息挖掘技术，建立了主动和被动模式相结合、可灵活组合的国土资源违法线索发现、分析技术体系；解决了网络导航定位、异构数据统一存储与传输、分布式地理空间计算、多粒度安全控制技术问题，形成了高效、安全的国土资源移动执法巡查/核查技术体系。

"基于'一张图'的贵州省国土资源执法监察监管系统"获 2015 年中国地理信息科技进步奖一等奖；同时多项国土资源信息化、测绘地理信息成果获得中国地理信息科技进步奖、测绘科技进步奖二等奖（2 项），获得国家级优秀测绘工程金奖（1 项）、银奖（6 项）、铜奖（6 项）等。

2. 贵州国土资源系统人才队伍现状

贵州省国土资源系统人力资源采用垂直管理体系。据统计（蒲冠楠等，2010），2010 年贵州省国土资源系统共有行政机构 109 个、事业机构 1988 个，领导班子垂直管理机构 98 个，机构垂直管理 1482 个；共有在编人员 8849 人，其中，35 岁以下人员 1730 人，占 19.5%；36～40 岁人员 2411 人，占 27%；41～45 岁人员 1549 人，占 17.5%；46～50 岁人员 1391 人，占 16%；51～55 岁人员 832 人，占 9%；55 岁以上人员 936 人，占 11%；专业结构：经济类 1460 人，占 16.5%；法学类 1332 人，占 15%；管理类 1617 人，占 18.3%；地质矿产类 416 人，占 5%；电子信息类 114 人，占 1%；测绘类 259 人，占 3%；其他专业的 3651 人，占 41.2%。

"十二五"以来，贵州省国土资源厅高度重视科技人才的引进、培养，加强在地球科学前沿、资源节约利用、土地科学、地质找矿、地质灾害防治、国土资源信息与测绘地理信息系统等领域中选拔、引进、培养和使用青年科技人才。"十二五"末，贵州省国土资源厅共有博士 9 人、硕士 108 人、研究员 16 人、高级工程师 120 人。

"十二五"期间，贵州省获批国土资源部重点实验室 1 个——贵州大学喀斯特环境与地质灾害重点实验室。实验室现有固定人员 40 人，其中，教授 15 人，副教授 12 人，讲师 12 人，高级实验师 1 人。固定人员中具有博士学历的有 30 人，硕士学历的有 7 人，本科学历的有 3 人。固定人员中有贵州省省管专家 2 人，教育部优秀人才 1 人，贵州省优秀青年科技人才 2 人。

二、科技创新与人才发展战略

1. 强化科技创新

《国土资源"十三五"科技创新发展规划》提出了全面实施深地探测、深海探测、深空对地观测和土地工程科技"四位一体"的科技创新战略，即"三深一土"战略；确立了"三深"战略科技领域创新能力跻身先进国家行列，土地科技水平显著提升，科技综合管理迈出实质步伐，创新活力竞相迸发，成为引领国土资源事业发展的重要驱动力的发展目标，为我国国土资源科技创新指明了方向。

贵州省作为一个内陆省份，要全面对接和贯彻实施国家深地探测、深空对地观测和土地工程科技创新战略，重点做好以下主要工作：

一是全面对接国家深地探测战略。突出本地区的战略科技定位，紧盯世界科技前沿，全面梳理和分析国内外深地探测研究成果和趋势，明确本地区在深地探测领域的"跟跑、并跑、领跑"主攻方向，确立本地区在全国深地探测中的地位。从贵州省国土资源分布实际出发，加强喀斯特地形地区地质构造和地下深部空间成矿基础理论、找矿规律、探测方法等研究，形成一批高水平的原创性理论和创新成果。发挥本地区科研和产业优势，从影响国土资源开发和利用效率的关键技术和装备着手，借助社会力量和科技平台集中攻关，重点推进资源绿色开发利用技术、资源循环利用技术、资源深度利用高新技术创新，推进中深部矿产资源勘查、探测技术和装备的研发及成果转化，提高中深部资源探测、找矿和开采能力，有效地拓展第二找矿空间和地下发展空间。要通过深地探测、中深部找矿和开采工作的深入开展，全面完成以储备为目的的战略性和重要矿产勘查，搞清资源家底，为建立完善的地区能源和矿产资源战略储备体系和经济社会急需资源提供资源保障。

二是对接国家深空对地观测战略。面向本地区经济社会发展对遥感信息技术日益增强的需求，加强基于北斗的现代大地基准服务系统的建设与空间位置导航定位应用；加强国内外现有卫星资源（中分光学星座、高分光学星座、雷达星座）的统筹，形成基于多源卫星组网的贵州全域全覆盖、全天候全天时的遥感卫星数据资源获取体系。针对贵州山区多雨、多云、地块破碎等实际情况，以及地质灾害应急等需要，大力发展低空数字航空摄影系统、地面移动应急监测采集系统、无人机系统等，实现目标区域、重点区域的快速、高效、高精度数据采集，与遥感卫星数据获取体系形成良好的互补。加强卫星遥感应用关键技术的开发和应用，特别是多源遥感影像快速处理、国土资源要素自动识别与提取技术、多源数据高效转换与计算分析技术等，不断提高国土资源监测、监管能力，更好地支撑生态国土和智慧国土建设工作。

三是对接国家土地工程科技创新战略。加强面向"多规合一"的国土资源承载力、适宜性评价方法，以及空间规划、优化配置研究；以土地工程技术为重点，着力研发耕地质量提升、退化及石漠化土地治理、荒废土地利用、土地生态修复等技术，强化土地整治的工程化、生态化技术应用；加强山水田林湖草生命共同体和生产、生活、生态"三生"空间优化基础理论研究，全面发展土地调查评价、工程节地建设、土地立体开发、喀斯特地形生态环境修复等技术。

2. 大力推进科技成果转化

科技成果转化作为科技创新发展的重要组成部分。从贵州省国土资源科技创新和产业发展的实际出发，主要加强以下几个方面工作。

一是全面加强土地、矿产、地质环境科技成果转化与推广。对土地、矿产、地质环境科技成果和技术进行全面的梳理，针对市场需要大、应用广泛、技术成熟的技术成果，按照政府主导、企业主体的原则，有计划地组织实地测试验证、设备研发与培训等。按照试点示范、全面推广的步骤，推广应用一批对国土资源勘查勘探、开采开发、监测监管、整治保护等有积极推进作用的技术和设备，提高国土资源开发利用总体技术水平。

二是加快互联网+大数据的国土资源成果的转化与应用。利用贵州省大数据战略优势，基于国土资源大数据及"云上贵州"聚集的其他部门数据资源，由政府部门提供基础的地理空间信息、国土资源信息和位置导航服务等，鼓励企业和社会公众利用国土资源数据和地理时空信息平台服务进行创业创新。通过大众创业、万众创新，促进国土资源数据和基础平台服务的转化与广泛应用。

三是加强国土资源创新平台在国土资源科技创新中的重要作用。加强贵州大学喀斯特环境与地质灾害重点实验室等国土资源创新基地平台的建设，继续申报建设新的重点实验室、野外科研基地，联合国内外相关科研院所，建设国土资源协同创新中心等，全面提升贵州省国土资源科技自主创新能力。利用社会力量，充分发挥企业、高等学校和科研单位的主导作用，大力支持和引导国土资源科技孵化器的建设和发展，通过政府政策引导、市场主导、社会参与的方式，科学布局一批国土资源科技孵化器，为国土资源科技型企业的形成、发展和科技成果的转化创造条件。

3. 加强人才队伍建设

人才不足，特别是高层次人才不足是影响贵州省经济社会快速发展的不利因素，也对贵州省国土资源开发利用产生了不利的影响。加强国土科技人才建设，形成有利于高层次科技人才成长的制度环境和发展环境将为贵州省国土资源开发利用工作的深入开展提供人才支撑和智力支持。

一是制定高层次人才引进计划和制度。要在国家相关"高层次人才引进计划"的基础上，制定和落实本省国土资源"高层次人才引进计划"，同时要制定《贵州省引进高层次人才管理办法》、《贵州省"千人计划"短期项目实施细则》、《贵州省国家重点创新项目引进人才工作细则》和《贵州省青年海外高层次人才引进工作细则》等高层次人才管理办法，并向海内外公开招聘国土领域关键岗位高层次科技人才，有计划、有目的地引进本省急需和紧缺科技人才，以满足本地区国土资源开发利用中关键岗位对高层次科技人才的需要。

二是设立高层次人才引进基金。加大高技术和专业技术人才的引进和培养力度，并针对影响贵州省国土资源勘探、开发和利用中关键技术、管理和国土资源企业发展的关键岗位建立首席科学家、学科带头人等制度和特殊人才引进基金，引进一批相关专业的高层次人才到贵州省国土资源部门相关岗位工作，并为其提供良好的工作和生活环境等，关键技术、设备积极开展国土科技研究和开发工作，全面提高国土资源企业自主创新能力，逐步形成具有地区特色的国土资源科技创新体系，全面提高贵州省国土资源勘探、开发和利用中关键技术攻关能力和管理水平。通过长期的努力，要形成以关键岗位、关键技术和关键设备研发为主要形式的高层次科技人才分布结构和学科结构。

三是积极打造高层次人才培养基地。要充分发挥大学、科研单位和企业的学科、人才培养和科研优势，在相关大学、科研单位和企业定向培养一批国土资源关键领域急需、紧缺和影响国土资源开发利用重要环节的高层次人才，切实满足贵州省国土资源部门相关领域高层次专业人才的需要，使贵州省国土资源部门成为国土资源类高层次人才培养基地。

四是建立一支结构合理的科技队伍。在争取引进国内知名的国土资源领域高层次技术人才或具有较强学术创新能力的中青年学科带头人的同时，稳定、培养现有技术人才梯队和科研队伍，重点培养40岁以下科技骨干人才，鼓励科研人员针对国土资源领域的研究前沿和影响贵州省国土资源勘查、开发和利用中的理论和现实问题、关键技术和设备问题开展研究，并尽快取得成果。争取在较短时间内整合和建设一支年龄结构和学科结构合理、标志性科研成果突出、学风严谨的勤奋、高效、务实的科技人才梯队。

五是形成合理的人才管理和激励发展机制。人才管理体制和机制作为重要制度安排在人才成长中占有重要的地位，因此，必须建立与时代要求相适应、有利于人才成长和脱颖而出的管理制度环境。首先，要改革科研管理制度。要建立开放、竞争、合作和高效的科研管理体制机制，积极营造"重科研、重学术和重人才"的学术氛围，切实形成有利于高层次科技人才工作和生活的科研管理制度和运行机制。其次，要建立有利于发挥高层次科技人才作用的管理制度。要改革现有的用人制度和评价制度，摈弃论资排辈，按工作能力和绩效，晋升职务和职称；对创新意识强、成果卓著者给予物质和精神奖励，形成"重科研、重学术和重人才"的社会氛围。最后，要为创新人才培养创造良好的环境。要以影响国土资源深度开发利用技术为引导，以科研项目为基础，以创造高质量科研成果为手段，着力培养一批国土资源领域一流的学术带头人、高水平科研骨干和专业科技人员，形成有利于更多创新人才成长和发展的环境。